W0012703

Jürgen Werth

**Doch Gott sieht das Herz**

Über den Autor

*Jürgen Werth* ist als Songpoet, Autor und Prediger unterwegs. Bis 2014 war er Leiter des Radio- und Fernsehsenders
„ERF Medien". Er ist ein Meister im Geschichtenerzählen –
auch in seinen Liedern – und manche seiner Songs haben
sich zu Klassikern entwickelt. Er ist verheiratet, hat drei
erwachsene Kinder und sieben Enkelkinder.

Jürgen Werth

# Doch Gott sieht das Herz

Nahaufnahmen
eines Lebens

# Inhalt

# Vorwort

Ich sehe ein Gesicht, eine Gestalt, eine Geschichte. Ich sehe und urteile: Freund oder Feind? Gewinner oder Verlierer? Gut oder böse? Gläubig oder gottlos? Ich sehe und urteile und verurteile – und täusche mich oft genug. Während andere mich sehen und sich täuschen.

Wir sehn, was man sehn kann, vor Augen die Haut …
Doch Gott sieht das Herz.

Gott sieht, wer ich wirklich bin. Was wirklich in mir steckt. Was ich wirklich denke und fühle, was ich wirklich will, wonach ich mich sehne und wovor ich mich ängstige, was ich liebe und was ich verabscheue. Er sieht und liebt und hilft und heilt. Er täuscht sich nie. Und wird darum nie ent-täuscht. Nicht von mir, nicht von den anderen, nicht von der Welt.

Bunte Bilder des Lebens und Glaubens malt dieses Buch. Bilder zum Hinschauen und Hineinschauen, zum Lächeln und Weinen, zum Staunen und Verstummen, zum Denken und Danken. Eine Seh-Schule für Anfänger und Fortgeschrittene, mit Lyrik und Prosa, mit farbenfrohen Bildern und Skizzen. Eberhard Münch und ich nehmen Sie mit auf eine kleine Reise durchs Leben. Die einzelnen Stationen sind Nahaufnah-

9

men eines Lebens, meines Lebens, eingefangen mit dem Weit-winkelblick des Himmels.

Wir laden Sie ein, ins Herz unserer Geschichten zu schauen – und ins Herz der Bilder und Zeichnungen, der bunten und der schwarz-weißen. Vielleicht entdecken Sie ja Ihr eigenes Herz darin. Und das Herz Gottes. Dann hätte es sich gelohnt, für Sie dieses Buch zu schreiben und zu illustrieren.
Viel Freude beim Lesen und Betrachten!

Wetzlar und Wiesbaden, im Herbst 2017
*Jürgen Werth*
*Eberhard Münch*

Doch Gott sieht das Herz

Der barmherzige Blick des Vaters

## Vor Augen

Vor Augen: Der Kleinste, der Letzte im Glied
Verwuschelt, verwildert und scheu, wie man sieht
Der wird es wohl nicht sein, so denkt der Prophet
Ein Kerl wie ein Baum muss es sein, ein Athlet
Ein König, ein Held, das erwartet das Volk
Nur wer etwas hermacht, hat beim Volk auch Erfolg

Wir sehn, was man sehn kann
Vor Augen die Haut
Und Gott sieht das Herz

Vor Augen: der Schlimmste, der Letzte im Glied
Ein gottloser, treuloser Mensch, wie man sieht
Die Ehe gescheitert, die Kinder bei ihr
Und morgens schon riecht er nach Rauch und nach Bier
Jetzt läuft er sogar einem Typ hinterher
Den kann keiner brauchen, den will keiner mehr

Wir sehn, was man sehn kann
Vor Augen die Haut
Und Gott sieht das Herz

Vor Augen: der Beste, der Erste im Glied
Ein aufrechter Kerl, klar und wahr, wie man sieht
Der Anzug gebügelt, gescheitelt das Haar
Mehr Einfluss, mehr Macht und mehr Geld Jahr für Jahr
Wenn er seine Meinung sagt, brandet Applaus
Der Typ von „Mein Auto, mein Boot und mein Haus"

Wir sehn, was man sehn kann
Vor Augen die Haut
Und Gott sieht das Herz

Vor Augen: mein Leben, mal schlimm und mal gut
Mal Glauben, mal Zweifel, mal Angst und mal Mut
Mal Siegen, mal Scheitern, mal vor, mal zurück
Mal Power, mal Panik, mal Unglück, mal Glück
Mal Himmel, mal Erde, mal Hü und mal Hott,
Mal Flucht und mal Heimkehr, mal Teufel, mal Gott

Wir sehn, was man sehn kann
Vor Augen die Haut
Doch Gott sieht das Herz

Text: Jürgen Werth · Musik: Florian Sitzmann · © Gerth Medien Musikverlag, Asslar

Der Tag. Der Satz. Mein Tag. Mein Satz. „Ein Mensch sieht, was vor Augen ist, der Herr aber sieht das Herz an." Die Bibel. Altes Testament. 1. Buch Samuel, Kapitel 16, Vers 7. Mein Konfirmationsspruch. Für mich ausgewählt und mir zugesprochen von meinem Gemeindepfarrer Heinrich Schoenenberg. 1965. Lang ist es her. Sehr lang.

Heinrich Schoenenberg war ein Pfarrer, wie man sich einen Pfarrer vorstellt, damals vorgestellt hat: gebildet und geachtet und ein bisschen gefürchtet. Geistesstark und lendenstark. Acht Kinder. In den alten Sprachen und Schriften war er zu Hause: Latein, Hebräisch, Griechisch fließend. Aber nicht so sehr in den neuen. Englisch gar nicht. „Ich krieg das ‚Si Äitsch' nicht hin." Dafür beherrschte er das „Gallia est omnis divisa in partes tres" und das „Sch'ma Israel". Wovon ich profitiert habe. Und das gleich mehrfach.

Zum ersten Mal hat mir sein Wissen geholfen, als ich von der Realschule aufs Gymnasium gewechselt bin und in einem Jahr den Stoff von sechs Schuljahren Latein nachholen musste. „Komm zu mir!", raunzte er freundlich und ließ dabei die Pfeife zwischen seinen Lippen zustimmend nicken. Und ich kam. Und habe danach viele Stunden in seinem Arbeitszimmer verbracht, wo es nach alten Büchern und abgestandenem Zigarrenqualm roch. Nach Gelehrsamkeit, Geschichte und Gott. Nach Glauben und Wissen. Es war ein langes Jahr. Vokabeln pauken, Grammatik büffeln – ohne allzu große Begeisterung, zugegeben. Aber immer hoch konzentriert. Klar, ich war der einzige Schüler. Und am Ende hatte ich mein großes Latinum!

Ein paar Jahre später durfte ich dann wieder in den Genuss seiner altsprachlichen Kenntnisse kommen: als ich beschlossen hatte, Theologie zu studieren. Schon in der Schulzeit wollte ich biblisches Hebräisch lernen, das Hebraicum machen und so die teure Studienzeit verkürzen. „Komm zu mir!", raunzte Heinrich Schoenenberg erneut, und wieder nickte die Pfeife zwischen seinen Lippen zustimmend. Warum interessierte mich die Theologie so sehr? Weil ich lernen wollte, was viele meiner älteren Freunde längst wussten. Und weil ich so einer werden wollte wie er, wie Heinrich Schoenenberg.

Ich bin dann doch kein Theologe geworden, sondern Journalist – aber das ist eine andere Geschichte. Mit dem Schoenenberg hat sie jedenfalls nichts zu tun. Er war mein Sprachenlehrer und ein, zwei Jahre zuvor mein Glaubenslehrer. Er hat mich konfirmiert. Auch an diese zwei Unterrichtsjahre erinnere ich mich sehr gut. Jeder von uns hatte ein Heft, in das er die wichtigsten Lerninhalte notieren musste. Manche Sätze weiß ich noch heute. Zum Beispiel diesen: „Es gibt nur eine Sünde, alles andere sind Missetaten." Nur eine Sünde? Ja, die Trennung von Gott, das ist der „Sund", der zwischen Schöpfer und Geschöpfen liegt, der aber vom Kreuz des Christus überspannt wird. Oder: „Glauben kommt vom althochdeutschen ‚gelowen‘, das heißt geloben, sich angeloben, sich verloben. Wer glaubt, geht eine Beziehung ein."

Wir mussten noch auswendig lernen. Zentrale Sätze der Bibel. Das Glaubensbekenntnis. Choralverse. Die wichtigsten Wahrheiten aus dem Katechismus. Wir wussten: Am Ende der Konfirmandenzeit werden wir geprüft. Vor der Gemeinde. Irgendwie haben wir wohl alle bestanden. Jedenfalls erinnere ich mich an keinen, der durchgefallen wäre – was vielleicht auch daran lag, dass wir uns besonders intensiv mit dem Kernbegriff des Evangeliums beschäftigt hatten: mit Gnade.

Und dann kam die Konfirmation, im dunklen Anzug und mit Krawatte. Feierlich war's und fröhlich und auch ein bisschen beklemmend. Wir ahnten: Es geht um was! Zudem markierte der Tag für viele einen wichtigen Lebenseinschnitt. Die „Volksschule" war vorbei, nun begann der „Ernst des Lebens": eine Lehre. Nur eine Handvoll ging weiter zur Schule.

Später habe ich ein Gedicht von Erich Kästner gefunden, das die Gefühlslage der meisten von uns sehr treffend zusammenfasst:

*Zur Fotografie eines Konfirmanden*[1]

*Da steht er nun, als Mann verkleidet,*
*und kommt sich nicht geheuer vor.*

*Fast sieht er aus, als ob er leidet.*
*Er ahnt vielleicht, was er verlor.*

*Er trägt die erste lange Hose.*
*Er spürt das erste steife Hemd.*
*Er macht die erste falsche Pose.*
*Zum ersten Mal ist er sich fremd.*

*Er hört sein Herz mit Hämmern pochen.*
*Er steht und fühlt, dass gar nichts sitzt.*
*Die Zukunft liegt ihm in den Knochen.*
*Er sieht so aus, als hätt's geblitzt.*

*Womöglich kann man noch genauer*
*erklären, was den Jungen quält:*
*Die Kindheit starb; nun trägt er Trauer*
*und hat den Anzug schwarz gewählt.*

*Er steht dazwischen und daneben.*
*Er ist nicht groß. Er ist nicht klein.*
*Was nun beginnt, nennt man das Leben.*
*Und morgen früh tritt er hinein.*

Für mich war die Konfirmation aber noch aus einem anderen Grund eine wichtige Wegmarke. Ich habe an diesem Tag tatsächlich mein Leben festgemacht bei Gott. Nicht zum ersten und ganz sicherlich nicht zum letzten Mal. Aber ich wollte meinen Glauben wirklich „konfirmieren", also bestärken, bekräftigen. So, wie uns das Heinrich Schoenenberg ans Herz gelegt hatte.

Da kam so ein Bibelvers gerade richtig, der Konfirmationsspruch. Er war so etwas wie die Losung, der Leitgedanke für das Leben, das nun begann.

„Ein Mensch sieht, was vor Augen ist, der Herr aber sieht das Herz an."

Ob ich damals gleich gewusst habe, wo das steht? Wohl eher nicht. Heute weiß ich es, natürlich, und kenne auch die Geschichte, aus der dieser Vers stammt:

Der Prophet Samuel soll im alten Israel einen neuen König salben. Gott schickt ihn zur Hirtenfamilie von Isai. Der hat viele Söhne. Einer von ihnen soll's sein, hat Gott angekündigt. Der Reihe nach stellen sie sich vor. Samuel ist beeindruckt. Aber Gott flüstert ihm ins Herz: „Der ist es nicht ... und der auch nicht." Und dann kommt der Satz, mein Satz. „Denn nicht sieht der Herr auf das, worauf ein Mensch sieht. Ein Mensch sieht, was vor Augen ist; der Herr aber sieht das Herz an."

Sieben Kandidaten fallen durch.

„Waren das alle?", fragt Samuel irritiert.

„Nein", antwortet Isai. „Der Jüngste ist noch draußen bei den Schafen und Ziegen."

Samuel lässt ihn holen und weiß: Der ist es! Israels neuer König. Sein Name: David.

Sich nicht blenden lassen von Äußerlichkeiten. Nicht von Alter und Anspruch. Nicht von Status und Statur. Nicht von

Verfehlungen, Verwerfungen und Verunstaltungen. Nicht blind verehren und vergöttern. Nicht blind verachten und verabscheuen. Tiefer blicken. Das Herz sehen. Damals, bei meiner Konfirmation, habe ich wohl angefangen, das zu begreifen. Und die Menschen fortan ein bisschen anders gesehen. Die Eltern, die Lehrer, die Freunde, die Feinde, die Frommen, die Unfrommen und, ja, wohl auch ihn: meinen Pfarrer. Wen darf ich bewundern und wofür? Von wem sollte ich mich fernhalten und warum? Von wem kann ich lernen – und was?

Ein paar Jahre später hatte ich einen Englischlehrer, vor dem wir mächtig Respekt hatten. Er wusste das. Er schätzte das. Und doch wollte er auch unser väterlicher Freund sein. Manchmal gab er den allzu Eingeschüchterten einen Tipp, den ich nie vergessen habe: „Stellt euch vor, ich stehe vor euch in langen Unterhosen. Da hättet ihr dann keine Angst mehr vor mir. Denn so sieht jeder Mann lächerlich aus." Sätze, die man in einem Jungs-Gymnasium mal einfach so sagen konnte.

Wie er wohl wirklich war? Ohne Schüler? Ohne Rolle?

Wie oft verwechseln wir Hülle und Herz! Wie oft haben Menschen das im Laufe der Jahrzehnte bei mir verwechselt! Für viele war ich vor allem das: erfolgreich, selbstbewusst, ausgeglichen, freundlich, humorvoll, menschenzugewandt, glaubensstark. Dabei zweifle ich allzu oft an dem, was andere als Erfolg wahrnehmen. Zweifle an mir. Traue mir vieles nicht wirklich zu. Leide zuweilen unter den Erwartungen meiner

Zuhörer, Zuschauer, Leser. Und an meinen eigenen. Finde Menschen oft eher anstrengend als bereichernd, auch weil ich mich meist zu tief auf sie einlasse, in sie hineinspüre. Kann wegen ungelöster Konflikte manchmal nächtelang nicht schlafen. Nehme mir Kritik und Kränkungen allzu oft allzu sehr zu Herzen. Leide wie ein Hund unter Unverständnis, Ungerechtigkeit und Unversöhnlichkeit.

Ja, ich habe eine ordentliche Portion Humor, aber ich bin doch eher melancholisch und neige zu Depressionen. Und in Glaubensdingen nimmt die Zahl der Fragen eher zu und die der Antworten eher ab. Was weiß ich wirklich von Gott und von der Welt? Was kann ich wissen?

Ich habe mich nie verstellt, jedenfalls nicht bewusst. Habe von Zweifeln und Fragen und Schwächen gesprochen. Ich wurde aber trotzdem meist als jemand wahrgenommen, der alles im Griff hat. Einen „Lebenskünstler" hat mich eine meiner Mitarbeiterinnen einmal genannt.

Nur Menschen, die mir wirklich nahestehen, wussten und wissen, dass ich das nicht wirklich bin. Ein Freund sagte mir einmal: „Du gehst barfuß durch die Welt. Aber die Welt ist ein Steinbruch." Und oft genug hatte ich blutige Füße.

Was ist Hülle, was ist Herz?

Durch die Klamotten blicken, die schicken oder die schlichten. Durch die Titel und Talente blicken, die eindrucksvollen oder furchterregenden. Durch die Haut blicken. Ins Herz. Das ist anstrengend, aber notwendig. Und es ermöglicht erst Beziehungen.

Doch was genau ist eigentlich dieses Herz? Es ist wohl das, was von mir bleibt, wenn ich alles andere ausgezogen habe. Meine Mitte, meine Persönlichkeit, meine DNA, mein Ich. Die Prägungen, die oft widersprüchlichen Gefühle und Gedanken, die Träume, Ängste, Sehnsüchte, Motive. Mit alldem stehe ich vor Gott. Nackt. Nein, mehr als nackt: geradezu durchsichtig. Und möchte mich am liebsten verkriechen. Wie Adam und Eva nach dem Sündenfall. Vor Gott, vor mir selber – und vor den anderen.

Das ist leider berechtigt. Denn wer nackt und durchsichtig vor den Menschen erscheint, auch vor den frommen, muss sich möglichst schnell sehr warm anziehen, damit er nicht von kalter, selbstgerechter Unbarmherzigkeit vernichtet wird. Dabei kann doch nur der unbarmherzig sein, der nicht bereit ist, seine eigene Nacktheit anzuschauen und auszuhalten. Wer sich selber kennt, kann andere nicht so leicht aburteilen. Wer weiß, dass er von Gottes Gnade lebt, geht auch mit anderen gnädig um.

Vor Gott nämlich muss sich niemand verstecken. Denn er ist barmherzig. Barm-herz-ig. Er blickt auf unser Herz – mit seinem eigenen warmen und liebevollen Herzen.

Im hebräischen Wort für Barmherzigkeit steckt die Wortwurzel „cham", und die bedeutet „Wärme". Barmherzigkeit ist warm, Unbarmherzigkeit kalt. Der Vater im Himmel ist barmherzig. Und der Sohn auf der Erde, Jesus, hat diese Barmherzigkeit gelebt.

Jesus begegnet einmal einem reichen jungen Mann. Dem reicht nicht, was er auf dieser Erde hat, der will mehr. Den

Himmel. Deshalb beginnt er einen religiösen Disput mit Jesus. Und dann steht da – in Markus 10,21 – plötzlich dieser Satz:

*„Jesus sah ihn an und gewann ihn lieb und sprach …"*

Das ist ein Satz, der mich immer wieder elektrisiert. Jesus sieht hin, sieht tiefer, sieht durch alle Äußerlichkeiten hindurch, sieht das Herz. Und sieht es mit einem Herzen voller Barmherzigkeit. Voller Liebe und Verständnis. Der Sohn ist wie der Vater. Jesus ist Gott. Der Gott, der sich noch nie hat blenden oder schrecken lassen von dem, „was vor Augen ist".

Ich lese diesen Satz immer wieder. Und ich atme auf. Ich muss mich nicht länger verstellen und verstecken. Ich darf ich sein. Ganz und gar. Vor ihm, bei ihm, mit ihm. Er sieht, was keiner sonst sieht: Helles und Dunkles. Und bringt beides ans Licht, an sein warmes, barmherziges Licht. Er sieht, was in mir steckt. Das verleugnete Schlimme und das verborgene Gute. Das Schlimme heilt er, das Gute heiligt er, macht es sich zu eigen, nutzt es. Und liebt beides.

Wie bei David, über den mein Satz zuerst gesagt wurde.

Der lebte nach seiner Berufung zum König ein Leben, das oft so gar nicht den frommen Maßstäben seiner Zeit- und Glaubensgenossen entsprach. Und war für Gott trotzdem ein Mann „nach seinem Herzen" (1. Samuel 13,14). Weil Gott sah, was andere nicht sehen konnten oder wollten. Weil er das Herz ansah. Und dieses Herz war ganz offensichtlich eins, das Gott gehören wollte. Und darauf kommt es an. Wohl nur darauf.

Um mit Heinrich Schoenenberg zu sprechen: Ja, David war ganz offensichtlich ein Missetäter. Aber er war kein Sünder. Er gehörte zu Gott und Gott gehörte zu ihm.

Gott sieht mein Herz. Und das Herz all der Menschen, denen ich Tag für Tag begegne. Menschen, mit denen ich mein Leben gerne teile, und Menschen, mit denen ich mein Leben nie und nimmer teilen möchte. Er sieht das Herz. Und ich will es auch tun. Mein eigenes Herz und das der anderen ansehen – mit seiner warmen Barmherzigkeit.

Und da sind Menschen ...
# Heimat finden

## Und da sind Menschen

Einer lehrte mich laufen.
Einer lehrte mich tanzen.
Einer schenkte mir Worte.
Und ein anderer ein Lied.
Einer formte mein Denken.
Einer prägte mein Leben.
Einer zeigte mir das,
was man mit Augen nicht sieht.

Einer lehrte mich fragen.
Einer lehrte mich glauben.
Einer half mir zu lachen.
Einer weinte mit mir.
Einer säte die Liebe.
Einer pflegte die Hoffnung.
Einer zeigte den Himmel.
Einer war meine Tür.

Vielen Dank, ihr Gefährten
in den Gefahren des Lebens.
Vielen Dank, ihr Begleiter
durch das Lachen, das Leid.
Gerne will ich euch geben,
was ich selber bekommen.
Und ich will für euch da sein
als Gefährte auf Zeit.

Und ich will nach euch sehen.
Und ich will auf euch hören.
Zu verstehen versuchen,
wie ihr mich meist versteht.
Und ich will für euch hoffen.
Und ich will für euch beten.
Und des Nachts will ich zeigen,
wo der Morgenstern steht.

Text: Jürgen Werth · Musik: Peter Schneider · © Jürgen Werth

Und wieder eine neue Adresse. Eine neue Wohnung. Neue Nachbarn. Und neue Wege. Zur Schule, zum Lebensmittelladen, zu Oma und Opa. Neue Gerüche am Tag. Neue Geräusche in der Nacht.

Wie oft bin ich eigentlich umgezogen als Kind? Zehn Mal? Zwölf Mal? Dabei lagen die Wohn- und Spielplätze meist nicht allzu weit auseinander. Aber weit genug, als dass die alten noch erreichbar gewesen wären. Nein, mein Vater war weder Pastor noch Handelsvertreter. Er war Werkzeugmacher. Die gab es reichlich in der Werkzeugmacherstadt Lüdenscheid. Aber wohl doch nicht genug. Denn immer wieder wurde mein Vater von einer anderen Firma angelockt. Mit zehn oder zwanzig Pfennig mehr für die Arbeitsstunde. Und mit einer größeren und günstigeren Wohnung. „Werkswohnung" hießen diese „Incentives", diese Vergünstigungen der Fünfziger- und Sechzigerjahre. Der Nachteil: Die Wohnung war Teil des Arbeitsvertrages. Und wenn Mann die Firma wechselte, musste er mit Sack und Pack und Kind und Kegel umziehen.

Daran kann man sich gewöhnen. Indem man sich gar nicht erst groß gewöhnt.

Wenn wir mal eine Weile nicht umgezogen waren, wurde es meinen Eltern langweilig, und sie begannen das Wohnzimmer umzuräumen. Was zuweilen kuriose Blüten trieb. Einmal war nach einer dieser schweißtreibenden Hin-und-Herschiebe-Aktionen eine Ecke frei geblieben. Was die Nachbarn, die zum Besichtigungstermin geladen worden waren, gleich so deuteten: Werths bekommen einen Fernseher. Was aber überhaupt nicht geplant war. Sie jedenfalls wollten schneller sein und kauften sich am nächsten Tag, hastenichtgesehen, so einen schwarz-weiß flimmernden Zauberkasten für ihr eigenes Wohnzimmer. Was wir durchaus zu schätzen wussten. Wir haben danach viele Monate lang immer wieder bei ihnen angeschaut, was man bei uns mangels Fernseher nicht anschauen konnte.

Vielleicht liegt's an diesem eher unsteten Leben meiner ersten Jahre, dass ich bis heute Veränderungen mag, immer wieder Lust auf Neues habe und mich an Gewohntes nur unwillig gewöhne. Dass ich mich eher auf kurzen Strecken heimisch fühle und mich lange Strecken lang-weilen. Lange Wege. Lange Zeitabschnitte. Lange Bücher. Lange Predigten.

Veränderung riecht – für mich – nach Freiheit. Aber auch ein bisschen nach Einsamkeit. Denn immer wieder habe ich Vertrautes zurücklassen müssen. Vertraute Plätze. Vertraute Wege. Und manchmal auch vertraute Beziehungen. Und habe mich allein gelassen gefühlt. Wer unbehaust ist, ist verletzlich. Darum wollte und will ich nie und nimmer immer nur frei sein. Ich will auch dazugehören: zu einer Clique, zu einer Familie, zu einer Gemeinde, zu einem Verein. Ja, wenigstens zu einem Verein. Darum singe ich seit gefühlten hundert Jahren: „Mir stonn zu dir, FC Kölle!" Manchmal auch im Stadion. Es ist ein unvergleichlich wohliges Gefühl, wenn man da singend und jubelnd und schimpfend eintaucht in die Gemeinschaft Zehntausender Gleichgesinnter.

Eintauchen tut gut.

Aber dann will, dann muss ich auch wieder auftauchen. Ich bin ja doch nicht nur ein Teil irgendeiner Masse. Ich bin nicht nur wir. Ich bin ich. Unabhängig. Frei.

So streiten sie sich zuweilen, diese beiden Grundbedürfnisse. Frei sein wollen und dazugehören wollen.

Wenn ich heute Episoden aus meiner Kindheit erzähle, muss ich immer erst überlegen, wo ich sie verorte. Wo haben wir da gewohnt? Und wenn ich sagen soll, wo meine Heimat ist, muss ich erst ein wenig überlegen. Klar, es ist die Stadt: Lüdenscheid. Es ist die Landschaft: das Sauerland. Aber es ist kein Haus, keine Wohnung. Die waren allesamt nur Kurzzeit-Heimaten.

Aber ich will nicht ungerecht sein. Es gab auch für mich ein solides Stück Festland im treibenden Wohnungspackeis: das Jugendheim in der Mathildenstraße, das Haus des Christlichen Vereins Junger *Männer*, wie man „CVJM" damals noch ausschrieb. Mein Jugendheim! Wie oft bin ich da gewesen! Mehrmals in der Woche. Stundenlang. So lang jedenfalls, dass mein Vater einmal vorschlug – halb im Spaß und halb im Ernst –, er könnte ja dort auch gleich mein Bett abstellen.

Mit sieben bin ich zum ersten Mal ein bisschen schüchtern durch die berühmte „halb offene Tür" getippelt, zu einem Kreis, der „Spielschar" hieß. Zum Geschichtenhören, Spielen, Singen, Beten. Und ich bin geblieben. Jahr für Jahr. Von der Spielschar zur Jungschar, von der Jungschar zur Jungenschaft. Bin Mitarbeiter geworden. Habe mich ausprobieren dürfen. Habe meine ersten Lieder gesungen. Meine ersten Andachten gehalten. Und habe so vieles von dem gelernt, was ich heute kann und weiß.

Aber immer wieder musste ich von einer anderen Wohnung aus in die Mathildenstraße wandern.

Was ist Heimat? Ist das eine Wohnung? Ein Haus? Ein Kiez? Eine Stadt? Sind es Menschen? Oder ist es eine Zeit? Wohl von allem ein bisschen. Auf jeden Fall aber etwas, was nicht mehr so richtig zu haben, das vergangen ist. Heimat, das ist die Zeit, in der ich mich auskenne und in der nichts Unerwartetes mehr geschieht, die mich nicht mehr ängstigen kann, weil sie Geschichte ist.

Manchmal überfällt mich so etwas wie Heimweh nach dieser Vergangenheit. Und ich sehne mich zurück in die Zeit, in der meine Tipp-Kick-Männer endlose Fußballturniere austragen. In der meine Siku-Autos den Fußboden meines Zimmers in eine große Stadt verwandeln, in der aus dem alten Röhrenradio die englischen Top Twenty dröhnen, in der der Kaffee aus der vertrauten Zwiebelmusterkanne in die vertrauten Zwiebelmustertassen fließt, in der alles riecht und schmeckt und sich anfühlt, wie es immer gerochen und geschmeckt und sich angefühlt hat.

Was ist Heimat?

Vielleicht ist es diese Kindheit in mir – in uns allen. Also eine bestimmte Zeit bei bestimmten Menschen.

Aber Heimat ist doch auch jetzt und hier. Menschen sind und bleiben Heimat. Auch wenn wir heute zum größten Teil mit anderen Menschen unser Leben teilen als damals.

Menschen – es gab und es gibt sie. Sie leben weit verstreut, sie leben mit mir und sie leben in mir. Verlässliche Gefährten auf den Stolperpfaden des Lebens.

Und auch die Sprache ist Heimat. Unsere Muttersprache. Unsere Herzenssprache. Unser Dialekt. Unser Jargon. Unsere „Insider", die Witze und Wortspiele, die nur wir verstehen.

Christian Morgenstern fasste das einmal wunderbar in folgenden Worten zusammen:

*Man ist nicht da zu Hause, wo man seinen Wohnsitz hat, sondern da, wo man verstanden wird.*

Lea Fleischmann und Chaim Noll, zwei jüdische Schriftsteller, die in Deutschland geboren und aufgewachsen sind, aber seit Jahrzehnten in Israel leben und arbeiten, haben ein berührendes Buch mit einem berührenden Titel geschrieben: „Meine Sprache wohnt woanders".

In Israel leben und arbeiten – diesen Traum habe ich viele Jahre geträumt. In Israel oder in den USA. Oder in Italien. Aber immer wieder platzte die kühle Vernunft in meine heißen

Träume: Dein Beruf ist die Sprache. Du kannst nirgendwo leben und arbeiten außer in Deutschland.

Vielleicht noch in Österreich? Obwohl jemand einmal gewitzelt hat, Österreicher und Deutsche wären zwei Völker, die durch die gemeinsame Sprache getrennt sind. Oder in der Schweiz? Obwohl Schweizerdeutsch dann doch etwas völlig anderes ist als Deutsch mit Akzent. Ich würde ein Leben lang Ausländer bleiben. Zugezogen. Weil meine Sprache woanders wohnt. Selbst dann, wenn ich die Sprache meines Gastlandes nahezu perfekt sprechen und verstehen würde. Die Tiefen meiner Seele kann ich nur in meiner eigenen Sprache ausdrücken. Lieder schreiben geht nur auf Deutsch. Bücher schreiben auch.

Heimat. Heimatzeit. Heimatmenschen. Heimatsprache. Es gehört wohl zusammen. Und ist am Ende vielleicht ein besonders deutsches Thema.

Thea Dorn und Richard Wagner jedenfalls behaupten in ihrem wunderbaren Buch „Die deutsche Seele", Heimat wäre ein besonders deutsches und gleichzeitig eines der schönsten deutschen Wörter. Und die Autoren bieten eine treffliche Interpretation:

*Heimat kann ein kostbares Gut sein oder auch nur ein gemütlicher Ort. Heimat ist etwas, das jeder haben kann, vorausgesetzt, er erhebt darauf Anspruch. Die Heimat beruft sich auf die Kindheit und ohne die Herkunft kommt sie nicht aus. Herkunft meint die Zugehörigkeit und die*

*Kindheit das Aufwachsen bei dieser Zugehörigkeit. Heimat ist Ort und Zeit in einem, sie ist angehaltene Vergänglichkeit.*[2]

Nun behaupten Christen zuweilen keck: „Meine Heimat ist im Himmel." Sie behaupten das, weil Paulus es behauptet hat, der heimatlos vagabundierende Völkerapostel. In seinem Brief an die Philipper steht das, in Kapitel 3. Aber kann das denn sein? Hat der Himmel einen Ort? Hat er eine Zeit? Eine Sprache, die unsere Sprache ist? Und: Kann man zu Hause sein, wo man nie war?

Man kann. Weil wir Menschen von dort kommen. Aus den liebevollen Gedanken eines guten Gottes. Und weil wir dorthin unterwegs sind. Die Zeit, die uns auf dieser Welt geschenkt wird, ist nicht genug. Sie ist nicht alles. Sie ist eingebettet in Gottes Ewigkeit. Gott ist unsere Vergangenheit und unsere Zukunft. Und er ist unsere Gegenwart. Er ist da. Ganz nah. Weil Christus unser Leben und unsere Zeit mit uns teilt. Durch ihn ist unsere Heimat mit uns unterwegs in den Heimatlosigkeiten unseres Lebens.

Welch wohliger Gedanke: Was auch kommt, wohin's uns auch verschlägt – diese Heimat bleibt. Um uns und in uns. Für immer. Eine Heimat, die nach Geborgenheit duftet und nach Freiheit.

Leben ohne Schatten

Das Glück entdecken in dunklen Zeiten

## Leben ohne Schatten

Leben ohne Schatten ist Leben ohne Sonne.
Wer nie im Dunkeln saß, beachtet kaum das Licht.
Leben ohne Tränen ist Leben ohne Lachen.
Wer nie verzweifelt war, bemerkt das Glück oft nicht.

Leben ohne Täler ist Leben ohne Berge.
Wer nie ganz unten war, schaut gleichgültig ins Tal.
Leben ohne Zweifel ist Leben ohne Glauben.
Wer niemals sucht und fragt, dessen Antworten sind schal.

Leben ohne Kälte ist Leben ohne Wärme.
Wer nie gezittert hat, schätzt keinen Unterstand.
Leben ohne Alleinsein ist Leben ohne Liebe.
Wer keine Leere kennt, greift kalt nach jeder Hand.

Leben ohne Kämpfe ist Leben ohne Frieden.
Wer nie in einem Sturm war, freut sich nicht an glatter See.
Leben ohne Trauer ist Leben ohne Hoffnung.
Wer keinen Abschied kennt, kennt auch kein Wiedersehn.

Leben ohne Kälte ist Leben ohne Wärme.
Wer nie gezittert hat, schätzt keinen Unterstand.
Leben ohne Alleinsein ist Leben ohne Liebe.
Wer keine Leere kennt, greift kalt nach jeder Hand.

Leben ohne Mangel ist Leben ohne Fülle.
Wer immer alles hat, für den hat nichts mehr Wert.
Leben ohne Bangen ist Leben ohne Feiern.
Wer nicht mehr warten kann, hat nichts mehr, was er ehrt.

Leben ohne Schatten ist Leben ohne Sonne.
Wer nie im Dunkeln saß, beachtet kaum das Licht.

Text: Jürgen Werth · Melodie: Florian Sitzmann

Dämmerung – das ist diese heilige Stunde zwischen Tag und Traum. Zwischen Lärm und Stille. Zwischen Sturm und Ebbe. Schwellenzeit.

Als meine Eltern noch kein Auto hatten, ist es immer wieder passiert, dass ich schon im Bett lag und es an der Tür schellte. Ich lauschte. Und hoffte. Ja! Es waren die Nachbarn! Die mit dem Auto. „Wollt ihr noch mal mit uns rausfahren, an die Verse-Talsperre?" Ängstliches Warten auf die Antwort meiner Eltern. Würden sie wollen? Und würden sich dann meine Zimmertür öffnen und die verheißungsvollen Sätze an mein Ohr dringen: „Bist du noch wach? Willst du noch mal mit uns raus?"

Und wie wach ich war! Und wie ich wollte!

Autofahren in der Dämmerung eines Sommertages, wenn ich eigentlich längst im Bett liegen sollte … was war das herrlich!

Und dann saß ich aufgeregt im VW Käfer der Nachbarn, hinten neben Mutti, und genoss das Surren des Motors, den Benzingeruch, von dem mir bei anderen Gelegenheiten auch schon einmal übel werden konnte. Vor dem Fenster die vorbeihuschenden Häuser, Bäume, Wiesen. Und dann lief ich ein paar Schritte mit den Großen an der Talsperre entlang, während die Sonne dem Horizont einen Gutenachtkuss gab und die Tannen immer längere Schatten warfen. Ein Traum war das! Mein Dämmerungstraum.

Diesen Zauber der Abendzeit gab es auch in der Wohnstube – wenn's schon zu dunkel draußen war, um noch in meinem Buch den Abenteuern des Meisterdetektivs Agaton Sax zu folgen, aber noch zu hell, um die Stehlampe anzuknipsen. Die Welt schien für ein paar Minuten stillzustehen. Die Welt und das Leben. „Dämmerstündchen" nannten das die Alten. Besinnungsstündchen. Erzählstündchen.

Gut, dass es die Dämmerung gibt. Und dass sie dauert – hier bei uns in Deutschland. In den Tropen gibt es sie nicht. Da ist es entweder Tag oder Nacht.

In der Dämmerung lässt sich trefflich nachdenken, den Tag bedenken, Bilanz ziehen. Die „blaue Stunde" ist Ausklang und Auftakt, die Zeit „dazwischen", zwischen gleißender Sonne und finsterer Nacht.

Der Gegensatz zwischen Tageshelle und Nachtschwärze entsteht, weil die Welt in Bewegung ist. Weil unsere Erde kein Fixstern ist, sondern ein wandernder Planet, der sich um die Sonne dreht und um die eigene Achse. Nur in der Dämmerung scheint sie für ein paar Momente innezuhalten. Und das tut uns, die wir immerzu betriebsam sind, sehr gut.

Die Dämmerung lädt zum Singen und Beten ein. Im Odenwald entstanden vor mehr als hundert Jahren die ersten Strophen dieses Volksliedes:

*Nun wollen wir singen das Abendlied*
*und beten, dass Gott uns behüt.*

*Es weinen viel Augen wohl jegliche Nacht,*
*bis morgens die Sonne erwacht.*

*Es wandern viel Sternlein am Himmelsrund,*
*wer sagt ihnen Fahrweg und Stund?*

*Dass Gott uns behüt, bis die Nacht vergeht:*
*Kommt, singet das Abendgebet.*

Und Rudolf Alexander Schröder schrieb 1938,
in der „Dämmerung" zwischen Frieden und Krieg,
dieses wunderbare Abendlied[3]:

*Noch hinter Berges Rande*
*steht braun der Abendschein,*
*da hüllen sich die Lande*
*in ihre Schatten ein.*
*Wo Sonne kaum gelacht,*
*der Frierenden erbarmte,*
*uns kurze Zeit erwarmte,*
*wohnt wiederum die Nacht.*

*Wird noch ein Weilchen währen,*
*bis rings am Firmament*
*in königlichen Ehren*
*von tausend Fackeln brennt.*
*Doch bleibt's ein kahler Prunk.*
*Wir hätten an der einen,*
*wollt sie nur ewig scheinen,*
*für alle Zeit genug.*

*Bald schimmert von den Wänden*
*der Lampe Widerschein.*
*Uns deucht, sie will uns blenden,*
*und ist doch arm und klein.*
*Wir hören froh den Braus*
*in Herd und Esse lärmen:*
*Er kann die Welt nicht wärmen,*
*doch wärmt er Haus bei Haus.*

*Dann nimmt auch das ein Ende,*
*wir sagen Gute Nacht*
*und falten unsre Hände*
*und danken dem, der wacht,*
*der alle Welt umfängt*
*mit Sonnen, Stern und Erde*
*und dem geringsten Herde*
*sein Licht und Feuer schenkt.*

Tag und Nacht. Wachen und Schlafen. Frieden und Krieg. Arbeit und Ruhe. Sommer und Winter. Lachen und Weinen. Ich gebe zu: Manchmal würde ich gern auf das eine zugunsten des anderen verzichten. Aber hätte das andere dann noch denselben Glanz, dieselbe Bedeutung? Es wäre dann ja nicht mehr das andere. Es wäre das Einzige. Was wäre ein entspannter Feierabend ohne die schweißtreibende Tagesarbeit zuvor? Und was das Morgengrauen ohne das Grauen der Nacht?

Alles auf der Welt besteht aus solchen Gegensatzpaaren. Niemand wohnt ununterbrochen auf der Sonnenseite. Weder auf der Sonnenseite des Lebens noch auf der Sonnenseite des Glaubens. Es wäre auch gar nicht gesund.

Bilder huschen durch meine Gedanken.

Bilder von meinem alkoholkranken Vater, der den Alltag unserer kleinen Familie immer wieder an den Rand der Belastbarkeit drückte. Der bis zum Umfallen kämpfte und meistens verlor. Seine noblen Vorsätze hatten meist keine Chance gegen den Geist aus der Flasche und dessen flimmernde Verheißungen. Und wir, meine Mutter und wir Kinder, verloren mit; verloren Lebensenergie und Glaubenskraft. Erst als die Dämmerung hereinbrach, fand Vater den Ausweg. Fand Gott den Ausweg für ihn – in der Dämmerung zwischen Leben und Sterben.

Und dann ziehen auch diese Bilder durch meine Gedanken: Bilder von meiner dünn behäuteten Seele, die ganz plötzlich nicht mehr konnte und nicht mehr wollte. Nicht mehr weitermachen konnte, weil ihr alles zu schwer geworden war. Nicht mehr weitermachen wollte, weil sie nicht mehr an einen neuen Morgen glaubte und in einen befristeten Streik eingetreten war. Burn-out. „Zu viel geschafft, ich zahl Tribut!", habe ich später in einem Lied geschrieben. Ein guter Ratgeber hat mich damals erst einmal weggeschickt, weit weg. Zusammen mit meiner Frau. Ein paar Monate in Texas waren für mich die gesund machende Dämmerung zwischen Depression und Neubeginn.

Bilder unserer ersten Enkeltochter ziehen an meinen Augen vorüber. Sie kam in der 23. Woche zur Welt, viel zu früh und viel zu unfertig. 720 Gramm Leben. Würde das reichen? Es hat gereicht, so gerade eben. Auch wenn sie mit manchen Behinderungen leben muss: Sie lebt! Und erfreut sich am Leben.

Würde ich ohne all diese Erfahrungen einen harmonischen Abend mit der Familie genießen? Mich an einer leichten und hellen Seele erfreuen, die Lust auf Neues hat? Würde ich fröhlich lärmende Kinder und Enkelkinder in der Tiefe meines Herzens wertschätzen?

Johannes Hansen, mit dem ich im Radioprogramm des ERF viele intensive „Gespräche über den Glauben" geführt habe, hat einmal über den Psalm 30 geschrieben:

*Wer in der Tiefe war,*
*ganz unten, entsetzt, verzweifelt, verloren am Ende,*
*und wieder leben darf,*
*kann nicht schweigen,*
*muss reden, singen, danken, beten, erzählen und loben.*

*Wer Gott verlor,*
*sich selbst, Freunde, Glück, Hoffnung, das Leben,*
*und von Gott gefunden wurde,*
*kann aufatmen,*
*hell lachen, wieder denken, darum danken, neu beginnen*
*und lieben.*

*Nach dem Dunkel kommt ein neuer Morgen,*
*verstummen Feinde, freuen sich Freunde,*
*trocknen die Tränen, beginnt der Tanz.*
*Denn nun bleibt lebenslang seine Gnade.*[4]

Ich will aufhören, das Unglück zu verachten, die dunklen
Momente des Lebens. Sie machen erst das Glück zum Glück.
Und lassen mich das Licht feiern.

Bist du ein Engel?
Gefährten, Freunde, Wegbegleiter

## Bist du ein Engel?

Bist du ein Engel oder nicht?
Du siehst nicht aus wie all die Engel aus den Büchern.
Bist du ein Engel? Eher nicht!
Denn Engel kommen meist in leuchtend weißen Tüchern.

Doch warst du da, als ich dich rief,
und was du sagst, berührt mich tief.
Du bist ein Engel! Oder wenigstens beinah.

Bist du ein Engel oder nicht?
Du kamst zu Fuß und bist nicht durch die Luft geflogen.
Bist du ein Engel? Eher nicht!
Denn, echt jetzt, bist du viel zu irdisch angezogen!

Doch macht dein Strahlen alles wett,
und du bist einfach himmlisch nett.
Du bist ein Engel! Oder wenigstens beinah.

Bist du ein Engel oder nicht?
Hat denn ein Engel krauses Haar und braune Augen?
Bist du ein Engel? Eher nicht!
Denn ich seh keine Flügel, die zum Fliegen taugen.

Doch wenn du lachst, lacht auch mein Herz,
ziehn die Gedanken himmelwärts.
Du bist ein Engel! Oder wenigstens beinah.

Bist du ein Engel oder nicht?
Für mich kamst du direkt vom Himmel auf die Erde.
Bist du ein Engel? Weiß es nicht.
Weil ich nur staunen und nicht weiter fragen werde.

Du kommst von Gott, du bringst sein Licht,
mehr bringen auch die Engel nicht.
Du bist ein Engel! Oder wenigstens beinah.

Text: Jürgen Werth, © ABAKUS Musik Barbara Fietz, 35753 Greifenstein

Musik: Florian Sitzmann, © 2017 Gerth Medien Musikverlag Asslar

Music was my first love, and it will be my last", sang John Miles 1976. „Musik war meine erste Liebe. Und sie wird meine letzte sein." Ob ich das so sagen würde, weiß ich nicht. Aber die Musik und ich – das ist schon eine besondere Liebesgeschichte.

Aber sie hätte wohl nie begonnen und wäre irgendwann jäh beendet worden, wenn mir nicht die richtigen Menschen in den richtigen Momenten begegnet wären. Menschen. Oder waren es gar Engel – Engel in Menschengestalt? Engel sind ja im Grunde nichts anderes als Schlüsselverwalter und Türöffner, Begleiter und Beweger, Ermutiger und Ermöglicher. Manchmal kommen sie direkt aus dem Himmel, manchmal wohnen sie nebenan.

Er war so einer. Für mich.

Siegfried Ulbrich, mein Grundschullehrer, Flötenlehrer, Fidellehrer und damit der erste Schlüsselverwalter, Notenschlüsselverwalter meines Lebens. Er war ein strenger Lehrer. Aber auch ein guter, einfallsreicher. Er mochte seine Schüler, er lebte für sie. Und er lebte auf, wenn er bemerkte, dass er etwas in ihnen zum Klingen brachte. Bei mir brachte er etwas zum Klingen, ja!

Zunächst beim Singen, dann beim Blockflötespielen. Und später mit der Fidel, jenem schülertauglichen Pimpf-Cello, das nicht viel größer war als eine Geige, aber zwischen die Beine zu klemmen war. Siegfried Ulbrich leitete ein Schulorchester, das ausschließlich mit Geigen und Fideln besetzt war. Dort hat er uns mit klassischer Musik bekannt und vertraut gemacht. Händels Wassermusik haben wir im Schülerorchester gespielt. Ich liebe sie bis heute.

Und dann war da Klaus-Jürgen Diehl, der mir an einem Abend, nachdem er mich von unserem CVJM-Treffen nach Hause gebracht hatte, die entscheidende Frage stellte. Ich hatte schon eine Menge Lieder geschrieben, aber bis dahin waren sie vor allem zornige Protestsongs eines 16-Jährigen gewesen. „Du weißt doch, dass Protest eigentlich etwas Positives meint", sagte er mir. „‚Pro testare' heißt für die Lateiner zunächst mal: *für* etwas eintreten, nicht *gegen* etwas sein. Ist ja schön, dass du gegen den Krieg singst. Aber sing doch mal für den Glauben!" Ich war überrascht. Konnte ich das? Sollte ich das? Wollte ich das? Weit und breit sah ich keine Vorbilder. Da gab es nur das Gesangbuch und unser „Wachet auf"-Liederbuch. Nichts Neues also. Nichts Modernes. Keine Bob Dylans und Simon and Garfunkels, denen ich hätte nacheifern können. Aber ich fing an. Vorbildlos. Und sang später regelmäßig mit meiner Band beim Jugendgottesdienst in der Kreuzkirche in Lüdenscheid. „Kommt her, überzeugt euch, holt euch Freude, holt euch Frieden bei dem Mann aus Nazareth!"

Dann zogen wir nach Wetzlar. Wo es keine Kreuzkirche mehr gab und keine Band und wo ich überzeugt war: Das war's jetzt mit der Musik. Doch dann begegnete mir beim ERF Hans Herbold, der damals fürs Jugendprogramm verantwortlich war und ständig händeringend neue Musik fürs Programm suchte. Immer wieder lud er darum amerikanische Profibands ein, um Playbacks für neue Lieder deutscher Liedermacher einzuspielen. „Du hast doch auch Lieder geschrieben", sagte er eines Tages zu mir. „Wir schicken mal eine Auswahl an die Noah's Band, die macht dann richtig gute Playbacks dafür. Du singst dazu und wir haben wieder was für unser Musikarchiv." Gesagt, getan beziehungsweise gesungen.

Von diesen Aufnahmen wiederum hörte Siegfried Fietz, der beim Verlag Hermann Schulte Wetzlar ebenso händeringend neue Lieder suchte, weil er einmal im Quartal eine Langspielplatte „für die Jugend" veröffentlichen wollte. „Songs der Frohen Botschaft" hieß die Reihe. Man wurde sich handelseinig, und Jürgen Werth, der mit dem Umzug nach Wetzlar eigentlich aufgehört hatte zu singen, stand auf einmal mit einer eigenen Schallplatte da. „Eine Taube spricht zu mir" hieß diese Vinylscheibe.

Als sich Siegfried Fietz dann später selbstständig machte und den Abakus-Verlag gründete, war eine seiner ersten Platten eine mit mir. Eine Single. Mit Siggi Schwab an der Gitarre. „Wo sind sie geblieben" auf der Seite A und „Herr aller Zeiten" auf der Seite B. Musik zum Wenden – so was gab's damals noch!

Bis heute arbeite ich mit Siegfried Fietz zusammen. Und das ausgesprochen gern. Einmal habe ich ihm geschrieben: „Das Beste, was ein Werth-Text werden kann, ist ein Fietz-Lied."

Dass meine Lieder auch Herzen berühren können, die außerhalb der christlichen Welt schlagen, hat mir Inge Brück gezeigt. Mein Song „Wie ein Tropfen Meer" hatte sie zu ihrem Lieblingslied erkoren und das dann auch landauf, landab gesungen. Inge Brück, Ex-Musical- und Schlagerstar – eine Frau, die in den 1970er-Jahren den Glauben an Jesus Christus gefunden hatte und später mit Josef-Bertram Giese und Nils Kjellström den Verlag Blue Rose gegründet hat. Hier war ich dann ein paar Jahre lang auch gut aufgehoben mit meinen neuen Produktionen „Gedankenstrich", „Wert(h)paket" und „Wenn der Morgen kommt". Die letzte Platte wurde produziert von Johannes Nitsch. Ein wunderbarer, ganz und gar uneitler Ausnahmemusiker, der mich zu manchem Großprojekt verführt hat. Gleich drei biblische Musicals sind in Zusammenarbeit mit ihm entstanden: „David – ein Sänger, ein König", „Josef – eine Traumkarriere" und „Hoffnungsland". Johannes Nitsch, der Musiker und – was wichtiger ist – der Mensch, fehlt. Mir. Und uns. Im Jahr 2002 hat Gott ihn – viel zu früh – in sein himmlisches Orchester berufen.

Vor ein paar Jahren schien meine Musikgeschichte wieder einmal zu Ende zu gehen. Da ließ mir Florian Sitzmann eines Tages einen lieben Gruß bestellen. Wenn ich noch einmal eine CD machen würde – vielleicht wäre er bereit, sie zu arrangieren und zu produzieren … Florian Sitzmann, der Söhne-Mannheims-

Mann, André-Heller-Produzent, Cae-Gauntt-Pianist. Aber war das noch dran?, fragte ich mich. Würden Lieder und Konzerte noch zu den Elementen gehören, die ich in mein neues Leben im „Ruhestand" mitnehmen würde? Oder war das alles doch irgendwie ein Auslaufmodell? Hatte ich tatsächlich noch genug Wesentliches zu sagen und zu singen?

Dann fragte mich mein Verlag an, der vom Anfang: Gerth Medien, Nachfolger von „Hermann Schulte Wetzlar". Und dann begannen wir zu überlegen und zu planen. Ganz ohne Zeitdruck. Und immer mit meinen doch ziemlich grundsätzlichen Fragen und Zweifeln im Hintergrund. Aber dann, nach einem langen kreativen Prozess, erblickte sie das Licht der Welt, die neue CD „Nahaufnahme". Ja, diese Produktion ist meine schönste. Wichtigste. Weil sie die Quintessenz meiner musikalischen Jahre beinhaltet. „So viel Werth war nie!", kann ich fröhlich behaupten. Und dabei dankbar auf ihn verweisen, auf Florian Sitzmann, den sensiblen und kreativen Verwirklicher meiner eigentlich schon nicht mehr geträumten Träume.

So viele Schlüsselverwalter, Notenschlüsselverwalter, und Türöffner! So viele Menschen, die mir immer wieder den Weg gewiesen haben. Die geschoben haben, wo ich mich nicht getraut habe. Die neue Räume erschlossen haben, wo ich mich in den vertrauten gemütlich eingerichtet hatte. Und den hier Genannten könnte ich noch so viele andere hinzufügen.

Engel? Jawohl, Engel. Gottesboten. Gottesmenschen. Ob diese Menschen sich so gefühlt haben? Wohl kaum. Engel wissen ja oft gar nicht, dass sie Engel sind. Das macht sie so unprätentiös. So menschenfreundlich und erdennah. Engel, die wissen, dass sie Engel sind, würden sich erheben, sich etwas einbilden auf ihr Engelsein – und somit aufhören, ein Engel zu sein. Es ginge ihnen dann nicht mehr um ihren Auftrag, und schon gar nicht um die, zu denen sie geschickt wurden. Wenigstens auf die menschlichen Exemplare trifft das zu.

Ob ich manchmal auch ein Engel bin? Ob Sie es sind? Das wäre schön. Aber nein, wir wollen gar nicht erst darüber nachdenken.

Sonst beginnen unsere Flügel zu schrumpfen.

Doch Gott gab dich nicht auf
Die Hoffnung ist stärker

## Gott gab dich nicht auf

Keinen Pfifferling hätt' ich damals für dich gegeben.
Auch zu beten hatt' ich lang schon aufgehört.
„Mancher lebt sein Leben eben ewig daneben.
Und was soll's! Mir geht es besser, wenn mich das nicht stört!"
War vom Reden, vom Diskutieren unendlich müde.
War es leid, mir das Gehirn zu martern, was dir wohl hilft.
„Du willst halt nicht, was soll ich machen?!", sagte ich dir rüde.
Und: „Mich kaputt zu sorgen bin ich länger nicht gewillt!"

Doch Gott gab dich nicht auf, denn seine Liebe ist stets größer.
Gott gab dich nicht auf, er war dir nah zu jeder Zeit.
Gott gibt uns nicht auf, seine Geduld ist immer größer.
Gott gibt uns nicht auf, er liebt uns eine Ewigkeit.

Keine Antwort hattest du dir nicht selbst hundertmal schon
gegeben.
Keinen Vorwurf, und sei er noch so schwer, dir erspart.
„Ich will raus aus diesem Sumpf", hast du gesagt, „ich will
endlich leben!"
Doch der Sumpf war immer stärker. Dir zu glauben, wurde
unendlich hart.
„Du musst vielmehr Gott vertrauen!", sagten dir die einen.
„Du musst endlich konsequent sein", sagten andre, „dann
hilft dir Gott."
Doch am Ende blieb nicht mehr, als wieder um dich zu weinen.
Wer den Schaden hat, dem bleibt nur Mitleid und Spott.

Doch Gott gab dich nicht auf, denn seine Liebe ist stets größer.
Gott gab dich nicht auf, er war dir nah zu jeder Zeit.
Gott gibt uns nicht auf, seine Geduld ist immer größer.
Gott gibt uns nicht auf, er liebt uns eine Ewigkeit.

Irgendwann dann hatten alle alles einfach aufgegeben.
Was man tun und sagen konnte, war gesagt und getan.
Ich stand hoffnungslos und resigniert und ausgebrannt
daneben.
Da, ganz plötzlich, fing etwas Neues in dir an.
Alle staunten, denn du sprachst auf einmal wie ein fremdes
Wesen.
Keine leeren Sprüche, kein „Jetzt schaff ich's!", wie so oft.
Plötzlich konnte man in deinen Augen Gottes Handschrift
lesen.
Als wir aufgegeben hatten, fing Gott an, ganz unverhofft.

Gott gibt uns nicht auf, seine Geduld ist immer größer.
Gott gibt uns nicht auf, er liebt uns eine Ewigkeit.

Text: Jürgen Werth · Musik: Jürgen Werth, Florian Sitzmann

© Profil Medien Verlags oHG

Kommt er? Kommt er nicht? Und wenn er kommt: Wird er bleiben? Und wie lange?

Jeden Abend dieselben bangen Fragen.

Die Straße in den Abgrund war am Anfang nur leicht abschüssig gewesen. Eine Flasche Bier im Stehen nach Feierabend, am „Büdchen", das neben seiner Garage lag. Eine Flasche oder auch mal zwei. Und ab und zu ein Korn. Und eine Zigarette. Absacker nach einem langen und anstrengenden Arbeitstag.

Verkaufsberater war er geworden, mein Vater, weil das mit der Werkzeugmacherei nicht mehr möglich war wegen der Schulter. Er war Verkaufsberater für „Normalien", was standardisierte und individuell gefertigte Normteile für Werkzeugmaschinen sind – ich habe damals nie richtig verstanden, wofür man die eigentlich brauchte. Aber er verstand's, schließlich hatte er selber an solchen Maschinen gearbeitet. Sein Sohn allerdings war in diese technischen Fußstapfen so gar nicht getreten.

Vom Werkzeugmacher zum Verkaufsberater, Dienstwagen und Spesenpauschale inklusive – kein schlechter Tausch. Und endlich hatte er richtig Geld in der Tasche, was er aber zunehmend als Schmerzensgeld betrachtete. Er fuhr in einem überschaubaren Bezirk von Betrieb zu Betrieb und musste verkaufen. Jedes Jahr ein bisschen mehr als im Jahr zuvor. Und der Druck im Kessel stieg.

Da kam so ein Büdchen gerade recht.

Aber im Stehen trinkt sich's auf die Dauer nicht allzu gemütlich. So musste das Büdchen irgendwann Platz machen für eine richtige Bude: die Kneipe auf der anderen Straßenseite. Da blieb er dann länger. Da trank er dann mehr.

Zu Hause gab's regelmäßig Rabbatz. Weil meine Mutter den Mund nicht halten konnte und wollte. Und weil mein Vater sich nichts sagen lassen konnte und wollte. Wenigstens nicht so. Und ich und mein fünfjähriger Bruder standen dazwischen. Angestrengt bemüht, das Schlimmste zu verhindern, was nur manchmal gelang.

Die Straße in den Abgrund wurde derweil immer abschüssiger. Die Gespräche immer wortloser. Unsere Gebete immer glaubensloser. Und währenddessen mussten wir nach außen immer so tun, als wäre alles in bester Ordnung.

Die Kneipe war's oder fast ein ganzer Kasten Bier am Tag. Oder eine Flasche Cognac. Einladen konnten wir keinen mehr. Man wusste ja nie …

Eines Tages sagte ein guter Freund zu mir: „Deine Eltern haben ja überhaupt keine Kontakte mehr. Lass uns das ändern. Ich lass mich morgen mal von meinem Vater abholen. Der kommt dann irgendwie mit deinem Vater ins Gespräch, und dann warten wir mal ab, was passiert."

Der andere Vater kam. Und er kam rein. Und er blieb länger, als wir zu hoffen gewagt hatten. Er war Pastor. Und eigentlich ein Evangelist.

Die beiden Väter verstanden sich auf Anhieb und entdeckten so manche Gemeinsamkeit. Sie waren beinahe gleich alt. Im Krieg hatten sie zur selben Division gehört. Sie sprachen über die dunklen Seiten des Lebens, über den Tod und auch über den Glauben. Und vereinbarten den nächsten Gesprächstermin.

Am Ende vieler Gespräche fand mein Vater zum Glauben. Und meine Mutter gleich mit. Denn der Vater meines Freundes hatte längst seine Frau eingeschaltet und man traf sich zu viert.

Mein Vater hatte mir immer wieder von seinen Gesprächen mit diesem Pastor erzählt. Manchmal auf langen Spaziergängen. Er erzählte mir von den Entdeckungen, die er gemacht hatte, aber auch von seinen Zweifeln, seinen Fragen. Ich konnte manche davon beantworten. Und wir beide staunten. „Ich vergesse manchmal, dass du mein Sohn bist!", sagte er einmal strahlend.

Darüber staune ich heute noch. Ich war zwanzig, er fünfundvierzig. Welcher Vater lässt sich mit seinem Sohn auf solche Gespräche ein!

Doch der Sog des Alkohols wurde nicht schwächer, im Gegenteil. Jahr um Jahr ging es tiefer bergab. Alles haben wir versucht, haben ihm Bücher und Artikel auf den Nachttisch gelegt, ihn zu Therapeuten und Seelsorgern geschleppt, ihm Termine mit Initiativen vermittelt, die sich um Suchtkranke kümmern. Und haben gebetet, gebetet, gebetet. Und wurden immer hoffnungsloser.

Dann, eines Tages, als wir längst aufgegeben hatten, entschied er sich, ganz allein und freiwillig, eine Klinik aufzusuchen. Er bekam dort Medikamente, ansonsten passierte nicht viel – aber etwas anderes, ganz Entscheidendes geschah da mit ihm. „Ich hatte heute Nacht eine Begegnung mit Gott!", erzählte er uns eines Morgens stockend. Und dann sagte er den Satz, den er zuvor tausendfach gesagt, aber wohl selbst nie geglaubt hatte: „Ich trinke ab sofort nicht mehr." An diesem Tag klang dieser Satz anders.

Er hat sich daran gehalten. Bis zum Tod.

Der kündigte sich allerdings viel schneller an, als wir alle geahnt hatten.

Wegen unerträglicher Rückenschmerzen war er ein paar Monate danach ins Krankenhaus eingewiesen worden. Die Diagnose: Lungenkrebs. An eine Transplantation war nicht zu denken, die Leber hätte das nicht ausgehalten. Der Krebs war schnell, viel zu schnell. Doch mein Vater, eigentlich ein ungeduldiger Mensch, lag geduldig in seinem Bett und tröstete die, die gekommen waren, um ihn zu trösten.

„So einen zufriedenen Patienten haben wir hier noch nie gehabt!", staunten die Ärzte.

In seinen letzten Stunden saß ich an seinem Bett. Habe ihm aus den Psalmen vorgelesen. Auch den Psalm, der seitdem mein Lieblingspsalm ist. Eher zufällig hatte ich ihn an seinem Sterbebett aufgeschlagen.

*Ein Wallfahrtslied. Ich hebe meine Augen auf zu den Bergen. Woher kommt mir Hilfe? Meine Hilfe kommt vom Herrn, der Himmel und Erde gemacht hat. Er wird deinen Fuß nicht gleiten lassen, und der dich behütet, schläft nicht. Siehe, der Hüter Israels schläft noch schlummert nicht. Der Herr behütet dich; der Herr ist dein Schatten über deiner rechten Hand, dass dich des Tages die Sonne nicht steche noch der Mond des Nachts. Der Herr behüte dich vor allem Übel, er behüte deine Seele. Der Herr behüte deinen Ausgang und Eingang von nun an bis in Ewigkeit!*

*Psalm 121*

„Nicht so schnell!", röchelte er einmal. „Jedes Wort ist Wahrheit!" Sein letzter Satz, kaum noch zu verstehen, kam aus einem fast schon verklärten Gesicht: „Ich sehe Jesus!" Dann hörte er auf zu atmen. Er war angekommen. Endlich angekommen. In der ewigen Heimat.

Ich war achtundzwanzig, er zweiundfünfzig.

Es ist das vielleicht dunkelste Kapitel meines bisherigen Lebens. Aber irgendwie auch das hellste. Es hat mich gelehrt, dass es keine hoffnungslosen Fälle gibt. Keinen himmellosen Platz auf dieser Erde. Gott ist da. Er hält. Auch und gerade dann, wenn unsere Hände viel zu schwach geworden sind, an ihm festzuhalten.

Ich erzähle davon. Ich schreibe davon. Ich singe davon. Um mich zu erinnern. Um durchs Erinnern Hoffnung zu tanken für alles, was mich zurzeit und in Zukunft beschäftigt und bedrückt. Und um anderen eine kleine Portion von dieser Hoffnung weiterzureichen.

Wie ein Fest nach langer Trauer
Von der Sehnsucht nach Versöhnung

## Wie ein Fest nach langer Trauer

Wie ein Fest nach langer Trauer,
wie ein Feuer in der Nacht.
Ein offnes Tor in einer Mauer,
für die Sonne aufgemacht.
Wie ein Brief nach langem Schweigen,
wie ein unverhoffter Gruß.
Wie ein Blatt an toten Zweigen,
ein Ich-mag-dich-trotzdem-Kuss.

So ist Versöhnung, so muss der wahre Friede sein.
So ist Versöhnung, so ist Vergeben und Verzeihn.

Wie ein Regen in der Wüste,
frischer Tau auf dürrem Land.
Heimatklänge für Vermisste,
alte Feinde Hand in Hand.
Wie ein Schlüssel im Gefängnis,
wie in Seenot Land in Sicht.
Wie ein Weg aus der Bedrängnis,
wie ein strahlendes Gesicht.

So ist Versöhnung, so muss der wahre Friede sein.
So ist Versöhnung, so ist Vergeben und Verzeihn.

Wie ein Wort von toten Lippen,
wie ein Blick, der Hoffnung weckt.
Wie ein Licht auf steilen Klippen,
wie ein Erdteil, neu entdeckt.
Wie der Frühling, wie der Morgen,
Wie ein Lied, wie ein Gedicht.
Wie das Leben, wie die Liebe,
Wie Gott selbst, das wahre Licht.

So ist Versöhnung, so muss der wahre Friede sein.
So ist Versöhnung, so ist Vergeben und Verzeihn.

Text: Jürgen Werth · Melodie: Johannes Nitsch

© 1988 SCM Hänssler, 71087 Holzgerlingen

E r war der Ulrich Parzany der Sechziger- und Siebziger-
jahre. Bunte Plakate kündigten ihn an, wenn er zu Vor-
tragsabenden in unsere Stadt kam. „Dr. Bergmann spricht."
Gerhard Bergmann, Evangelist, Buchautor, Junggeselle. Aus
Halver. Sauerländer also. Er war ein besonders originelles Ori-
ginal aus Gottes Schöpfungskabinett. Bergmann-Anekdoten
sind Legende.

Ich erinnere mich an einen Vortrag in meinem CVJM in
der Mathildenstraße in Lüdenscheid. Es ging um die Frage der
Theodizee, also darum, woher das Böse in der Welt kommt.
Für Bergmann war klar: Das Böse ist die Sünde, also die Trennung des Menschen von Gott. Kehrte er um zu ihm, wäre alles
anders.

„Stellt euch vor: Der amerikanische Präsident John F.
Kennedy besucht den sowjetischen Regierungschef Nikita
Chruschtschow in Moskau. Kennedy steigt aus dem Flugzeug,
und unten an der Gangway angekommen, nehmen sich die
beiden kräftig in den Arm und begrüßen sich so: ‚Willkom-
men, lieber Bruder Kennedy!', sagt Chruschtschow. ‚Schön,
dich zu sehen, lieber Bruder Chruschtschow!', sagt Kennedy.
Glaubt ihr, dass es dann noch Krieg gäbe?"

Wir waren beeindruckt. Aber fragten uns insgeheim, ob die Frage wirklich so leicht zu beantworten war. „Alle Menschen werden Brüder!" – davon hatte schon Friedrich Schiller in einem seiner berühmtesten Gedichte geschwärmt, das Beethoven in seiner neunten Sinfonie vertont hat. Nur waren sie es bisher nicht geworden. Und sie würden es wohl auch nicht werden. Außerdem wussten wir längst: Auch Brüder können erbarmungslos übereinander herfallen. Selbst „Brüder im Herrn". Sonst wäre jede christliche Gemeinde ja ein Modell für Frieden und Versöhnung. Doch das ist sie leider allzu häufig so gar nicht.

Und trotzdem: Diese Sehnsucht steckt in den meisten von uns. Frieden wird darum Jahr für Jahr zuallererst genannt, wenn Menschen nach ihren Wünschen fürs neue Jahr gefragt werden. Frieden. Kein Streit. Kein Krieg. Nicht in der Welt. Nicht zu Hause. Und am besten auch nicht in sich drin, in der eigenen Seele. Wenigstens „ein bisschen Frieden" …

Aber der Frieden hat's schwer.

Siegfried Lenz erzählt in seinen deftigen „Geschichten aus Bollerup" von zwei Familien, die seit zweihundert Jahren kein Wort miteinander gewechselt hatten. Die sozusagen Erbfeinde waren. Warum, wusste keiner mehr so richtig zu erklären. Es war halt so. Und so sollte es auch bleiben.

Eines Abends jedoch waren beide Familienvorstände noch einmal mit ihren Booten aufs Meer hinausgefahren, um Reusen einzuholen. Da plötzlich brach ein Gewitter los und spülte beide aus ihren Booten in die aufgewühlte Ostsee.

Die beiden waren Nichtschwimmer und entdeckten weit und breit nur einen einzigen Halt, der Rettung verhieß: den jeweils anderen. Und Siegfried Lenz beschreibt mit sehr lebendigen Worten:

> *Beide taten, was Nichtschwimmer in solchen Augenblicken tun: Sie klammerten sich aneinander, umarmten sich inständig, wollten den andern um keinen Preis freigeben. Sie tauchten gemeinsam unter, schluckten gemeinsam Wasser, stießen sich gemeinsam vom Grund ab …*[5]

Eine lange Welle wirft die beiden Männer einige Meter strandeinwärts. Sie erreichen das sichere Ufer, „glücklich und immer noch aneinandergeklammert". Sie setzen sich, Arm in Arm. Und nach zweihundert Jahren sprechen sie miteinander, zum ersten Mal. „Schade um die Aale!", sagt der eine von ihnen. Und dann zerrt jeder ein Fläschchen Rum aus der nassen Jackentasche und sie nicken einander zu.

„Prost, Friedrich!"

„Prost, Leo!"

Dann gehen sie zum Dorfplatz. Arm in Arm.

Doch dort endet jäh die Idylle. Sie lösen sich angewidert voneinander, werfen einander Schimpfworte ins verstrubbelte Gesicht und wackeln in unterschiedliche Richtungen davon.

Und das „schöne, tragische Schweigen" geht weiter.

Viel schwarzer Humor auf ein paar Buchseiten. Schwarz wie das Leben. Wir Menschen haben offenbar Energie genug, einen Streit vom Zaun zu brechen, aber meist zu wenig, um ihn wieder zu beenden. Krieg liegt uns anscheinend näher als Frieden. Versöhnung bleibt viel zu oft ein Fremdwort.

Dabei ist Versöhnung ein Schlüssel-Wort des Lebens. Ein Schlüssel-Wort des Himmels. Unversöhnt leben und unversöhnt sterben zu müssen ist die Hölle.

Der Gott der Bibel ist ein Gott der Versöhnung. Und er möchte uns zu Menschen machen, die versöhnt leben und sterben. Versöhnt mit ihm. Versöhnt mit uns selbst – mit den Gaben und Grenzen unseres Lebens. Mit unserer Lebensgeschichte. Versöhnt mit den Menschen, mit denen wir das Leben leben wollen oder leben müssen. Und er will, dass wir als Versöhnte zu Versöhnern werden.

Paulus beschwor die Christen in Korinth geradezu:

*Ist jemand in Christus, so ist er eine neue Kreatur; das Alte ist vergangen, siehe, Neues ist geworden. Aber das alles ist von Gott, der uns mit sich selber versöhnt hat durch Christus und uns das Amt gegeben, das die Versöhnung predigt. Denn Gott war in Christus und versöhnte die Welt mit ihm selber und rechnete ihnen ihre Sünden nicht zu und hat unter uns aufgerichtet das Wort von der Versöhnung. So sind wir nun Botschafter an Christi statt, denn Gott ermahnt durch uns; so bitten wir nun an Christi statt: Lasst euch versöhnen mit Gott!*

*2. Korinther 5,17–20*

Wir sehnen uns wohl alle danach. Im kleinen privaten und im großen öffentlichen Leben. Und kriegen's allzu oft nicht hin.

Wenn's aber auch nur nicht so kompliziert wäre! So anstrengend. So demütigend. Wenn wir nur nicht so stolz wären und immer nur den eigenen Standpunkt für den Nabel der Welt hielten. Unsere eigene beschränkte Erkenntnis für aller Weisheit Schluss.

Der stellvertretende Spiegel-Chefredakteur Dirk Kurbjuweit schrieb im November 2016 über den langwierigen und komplizierten Versöhnungsprozess zwischen Regierung und Rebellen in Kolumbien:

*Bei Friedensabkommen geht es um eine dreifache Versöhnung. Die gegnerischen Parteien müssen sich miteinander versöhnen, und jede Partei muss sich damit versöhnen, dass die andere Seite besser davonkommt, als sie es verdient hätte, und umgekehrt: man selbst schlechter als erwartet. Man nennt solche Versöhnung Realpolitik. Vielleicht gelingt sie dem Kongress besser als dem Volk, das sich dann hoffentlich mit der Entscheidung des Kongresses versöhnt.*[6]

Es scheint zu gelingen. Wenigstens da. Die Versöhnung in Kolumbien schreitet voran.

Ja, Versöhnung ist möglich. Man braucht nur etwas Mut. Und Demut. Einer muss bereit sein, den ersten Schritt zu tun, umzukehren und die Waffen niederzulegen. Und den anderen ihre eigenen kleinen Triumphe zu gönnen. Dieser Weg braucht einen langen Atem. Ja, Versöhnung ist wie ein rohes Ei: zerbrechlich und dauergefährdet.

Versöhnung ist auch mein Lebensthema, das zumindest ahne ich. Es hat etwas mit meiner Geschichte zu tun. Und mit meiner genetischen Ausstattung. Es hört sich vielleicht etwas seltsam an, aber es gibt auch von dieser Eigenart, versöhnlich zu sein, eine eher unansehnliche Kehrseite. Marie von Ebner-Eschenbach hat einmal gesagt, dass mancher, der ein gutes Herz zu haben scheint, in Wirklichkeit vielleicht nur schwache Nerven hat und Spannungen nicht aushalten kann. Frieden ist nun mal gemütlicher als Krieg.

Versöhner sind immer auch Moderatoren. Und damit Vermittler, Ausgleicher, Harmonisierer, Kompromisssucher, Brückenbauer. Zuweilen aber auf Kosten einer klaren Position. Manchmal vielleicht sogar auf Kosten der Wahrheit. Da müssen Versöhner auf der Hut sein.

Ich bin Moderator. Und das nicht nur auf der Bühne. Ich war es schon immer, ich kann nicht anders. Ich war es nicht nur bei ProChrist, bei den Sendereihen „Wert(h)e Gäste" und „Wartburg-Gespräche", ich war es auch als Chef im ERF. Ich war es als Vorsitzender der Deutschen Evangelischen Allianz. Immer habe ich versucht, die unterschiedlichen Positionen zu verstehen und sie den anderen verstehbar und verständlich zu machen. Und saß dabei oft genug zwischen den Stühlen. Zwischen Sprachlosen und Sprachgewaltigen. Zwischen Linken und Rechten. Zwischen scheinbar Frommen und scheinbar

Liberalen. Dazwischen. Zwischen den Stühlen und zwischen den Menschen. War den Frommen nicht fromm genug und den Unfrommen zu fromm. War den Rechten zu links und den Linken zu rechts. Dazwischen – das bin ich dann ein ganzes Leben lang geblieben.

Das ist zuweilen ungemütlich und unbequem, zugegeben. Aber ich konnte nicht anders. Es war mein Platz, meine „Platzanweisung", um es mit einem Wort von Paul Deitenbeck zu beschreiben, dem Pfarrer in Lüdenscheid und meinem väterlichen Freund. Nebenbei war er übrigens auch Erfinder des kleinen roten Ansteckers, auf dem „Jesus lebt" steht. Jesus, der Versöhner Gottes.

Auch Paul Deitenbeck war ein Versöhner. Zwar war er in den Anfangsjahren der Bekenntnisbewegung „Kein anderes Evangelium" hart mit den Leugnern der Auferstehungsbotschaft ins Gericht gegangen, doch trotzdem sagte er mir einmal in einem Interview: „Ich möchte auch bei meinen schärfsten theologischen Gegnern morgen ans Sterbebett treten können." Deitenbeck war stets klar in der Sache, verbindlich und versöhnlich im menschlichen Miteinander. Und hatte immer die bescheidene Paulus-Einsicht vor Augen: „Unser Erkennen ist Stückwerk" (siehe 1. Korinther 13, 9–12). Niemand weiß alles, hat alles bedacht, hat alles im Blick. Und niemand muss alles wissen, alles bedenken, alles im Blick haben.

Der Straßburger Reformator Martin Bucer (1491–1551), der im 16. Jahrhundert unermüdlich unterwegs war, um im Abendmahlsstreit zwischen Lutheranern und Zwinglianern zu vermitteln, war auch so ein Moderator. Leider nicht immer erfolgreich. Einmal stoßseufzte er: „Wenn man sofort denjenigen als vom Geist Christi verlassen verurteilen will, der nicht ganz genau so urteilt wie man selbst – wen, frage ich, kann man dann noch als Bruder ansehen?"

Über die große christliche Versöhnungsbewegung, die Deutsche Evangelische Allianz, habe ich einmal geschrieben: „Allianz ist Sehnsucht nach Ergänzung. Allianz heißt: Der andere könnte recht haben."

Und ich finde: Was der Allianz recht ist, ist dem Leben billig.

Nun bist du fort ...
Loslassen lernen

## Nun bist du fort

Nun bist du fort und nichts auf dieser Welt bringt dich
zurück.
Nun bist du fort. Hätt ich dich nie gekannt, wär dieser Tag
ein Tag
wie Tausende zuvor.
Doch nun wisch ich mir ganz verschämt
die erste Träne vom Gesicht. Nun bist du fort ...
Schon gut – ich weine nicht!

Du hast geglaubt an den, der sagt: Das Leben, das bin ich.
Du hast geglaubt, und du hast oft gesagt, wenn du mal
gehen musst,
gehst du zu ihm.
Doch sag, was bleibt uns nun von dir,
was ist davon schon von Gewicht? Nun bist du fort ...
Schon gut – ich weine nicht!

Ich weiß, du lebst, du bist nun frei und froh wie nie zuvor.
Ich weiß, du lebst, doch schreibst du nie mehr einen Brief,
rufst nie mehr an.
Du lebst, als wärst du tot.

Ich weiß, ich weine nur um mich.
Weil ich ihn hasse, den Verzicht! Nun bist du fort ...
Schon gut – ich weine nicht!

Weiß nicht, warum, doch hinter Wolken sehe ich ein
schwaches Licht.
Weiß nicht, warum, doch du, ich freu mich auf einmal ganz
leis für dich.
Du weißt nun mehr als ich.
Ach, du, ich tu dir sicher leid,
wie ich hier steh im Kerzenlicht. Nun bist du fort ...
Doch schau – ich weine nicht!

Du bist zu Haus, du gingst mir nur ein kleines Stück voraus.
Du bist zu Haus! Die Uhr an deinem Arm steht nun für immer still,
die Zeit hat ausgedient.
Der Tod, die Schmerzen sind vorbei.
Ich glaub, zurück willst du wohl nicht. Nun bist du fort ...
denn du lebst in Gottes Licht.

Text und Musik: Jürgen Werth · © Profil Medien Verlags oHG

Das Fest. Sein großes Fest. Zeitenwende. Der sechzigste Geburtstag. Familientag, Freundestag. Gutes Essen, guter Wein und ein paar launige Reden. Besonders bewegend: die Rede seines 83-jährigen Vaters. Papas Erinnerungen an all das, was war und was geworden ist, wertschätzend und liebevoll, mit Hirn, Herz und Humor.

Erinnerungen. Auf einmal auch bei mir. Wehmütige Erinnerungen. Und ein bisschen Heimweh: So eine Rede hätte ich mir auch gewünscht. Beim sechzigsten, fünfzigsten, vierzigsten, ja vielleicht sogar schon beim dreißigsten Geburtstag. Wertschätzend und liebevoll, mit Hirn, Herz und Humor – von dem, dem ich das Leben und meinen Familiennamen verdanke. Er hätte das gekonnt. Doch er war nicht dabei. Weil er nicht mehr da war. Er war gegangen, einfach gestorben, als ich 28 war.

Und auf einmal war nicht nur er auf diesem Fest, auf einmal waren sie alle da, die nicht mehr da sind. Menschen, die mein Leben hell und warm gemacht haben, und manchmal auch anstrengend. Oma Friedchen, die mein Abenteuerspielplatz war, Opa Paul, der mir in jeder Woche eine Mark zusteckte, Oma Grete, deren erhobener Zeigefinger steten

Respekt verlangte, Opa Hugo, der mit dem Leben nie wirklich zurechtgekommen war. Zwei Tante Emmis und zwei Onkel Walters, gleichnamige Großtanten und Großonkel mit jeweils einem Dackel, der bei beiden Seppel hieß. Tante Else, die Tränen lachen und Tränen weinen konnte. Grete und Fritz, die mich bereitwillig als weiteren Schwiegersohn in ihre ohnehin ein bisschen zu groß geratene Familie aufnahmen.

Und die Freunde: „Fitti", mit dem ich als Teenager Unterschriftenschreiben geübt habe, „Perry", der immer einen neuen Witz auf Lager hatte, Hans, mit dem ich ein paar Jahre durch die Höhen und Tiefen des Lebens geradelt bin. Und viel zu viele andere. Klassen- und Spielkameraden, Träumeteiler und Seelenputzer. Nicht mehr da. Abgetreten. Für immer.

Dabei weiß ich, was wir alle wissen, seit Jahrtausenden wissen: Menschen treten an und treten ab. Werden krank, werden schwach, werden alt, sterben. Manche früher, manche später. Aber was der Kopf weiß, will das Herz noch lange nicht wissen.

Vor allem dann, wenn der Tod mitten ins pralle Leben hereinplatzt oder gleich mehrfach und mit brutaler Wucht das Leben auslöscht.

Die deutsch-israelische Schriftstellerin Aliza Olmert, Frau des früheren israelischen Ministerpräsidenten, erzählt in ihrem bewegenden Roman „Ein Stück vom Meer" von einer jungen jüdischen Familie, die im Deutschland der Vierzigerjahre des letzten Jahrhunderts ein Schiff besteigt, um das alte

Leben zurückzulassen und im „Gelobten Land" ein neues zu beginnen. Als wenn das so einfach wäre! Denn das alte Leben reist mit. Die Erinnerungen. Die Wundschmerzen. Und die Fotografien. So viele Fotografien. Die junge Mutter hängt sie in die neue Wohnstube. Für sie ist es „die Familie, die nicht mehr da ist". Aber auf geheimnisvolle Weise dableibt. Immer. Überall. Als schmerzhafte Erinnerung und als verwegene Hoffnung. Und deshalb besteht sie bei der Einwanderungsbehörde in Palästina auf eine größere Wohnung.

*Wer weiß, vielleicht würde bald einer der Verwandten an die Tür klopfen.*

Doch der zuständige Beamte winkt müde ab. „*Wer bis jetzt nicht aus Europa hergekommen ist, schaut uns doch schon längst von oben zu.*"

Sie ist empört. Ihr ist, als wenn er „*ihre tote Familie endgültig ermordet hätte*"[7].

Die Familie bleibt die Familie, die nicht mehr da ist. Großmutter Sara und Großvater Se'ev, Onkel Nathan und Tante Regina und Mascha, Milka, Pela, Bronka, Jurek und, und, und. Die kleine Tochter soll sich die Gesichter einprägen. Und die Namen. Damit sie wenigstens in ihrem Kopf weiterleben. Aber die Kleine ist heillos überfordert.

Gesichter und Namen. Namen und Gesichter. Wer sie behält, hält die Verstorbenen auf geheimnisvolle Weise am Leben. Glaubt man.

„Yad Vashem" heißt die eindrucksvolle und bedrückende Gedenkstätte für die sechs Millionen ermordeten Juden. Yad

Vashem, das bedeutet: „Denkmal und Name". Die Bezeichnung bezieht sich auf einen Vers aus dem Buch des Propheten Jesaja, Kapitel 56, Vers 5:

*Ihnen allen errichte ich in meinem Haus und in meinen Mauern ein Denkmal, ich gebe ihnen einen Namen, der mehr wert ist als Söhne und Töchter: Einen ewigen Namen gebe ich ihnen, der niemals getilgt wird.*

Namen. Bilder. Erinnerungen. Das ist alles, was bleibt.

In Aliza Olmerts Roman erlebt der Leser schmerzhaft, wie all das auch bannen kann. Lähmen. Man muss sie wohl freigeben, loslassen, „die Familie, die nicht mehr da ist". Um selber freigegeben zu werden.

Ich erinnere mich an die kurze Begegnung mit einer jungen Frau nach einem meiner Konzerte. „Ich wollte dir danken", sagte sie, „für eine Zeile in einem deiner Lieder." *Nicht eben viel*, dachte ich. Doch die Zeile, die sie dann zitierte, hatte sie als ihren persönlichen Freispruch empfunden. „Und ich geb dich frei! Das ist ab heute dein Land." Eine Zeile aus dem Lied „Und dein Herz nimmt Flügel", einem Lied, gesungen am Grab eines lieben Menschen.

Freigeben, loslassen.

Die Hospizbewegung wirbt mit dem kecken und trotzigen Satz „Weil Sterben zum Leben gehört" für ihre Arbeit. Recht hat sie. Und stößt trotzdem auf heftigen inneren Widerstand. Wenigstens bei mir. Nein, ich möchte nicht, dass Sterben zum

Leben gehört! Ich möchte ewig leben! Und ich möchte, dass alle, die mir wichtig sind, auch ewig leben!

Man kann das Sterben nicht schönreden. Man kann es auch nicht schönglauben.

Ob es Gott ähnlich geht – weil er ursprünglich gar nicht wollte, dass Sterben zum Leben gehört? Weil seine Schöpfung eigentlich keine Todeszone sein sollte? Weil er den Tod im Grunde überhaupt nicht vorgesehen hatte?

„Denn der Tod ist der Sünde Sold!", schreibt Paulus an die Christen in Rom (siehe Römer 6,23). Der Tod ist für ihn eine Folge der Sünde, der menschlichen Ab-Sonderung vom Leben, vom Schöpfer des Lebens, von Gott. Und dann schreibt er weiter: „Die Gabe Gottes aber ist das ewige Leben in Christus Jesus, unserm Herrn."

Gott will den Tod nicht. Und schickt Jesus, den Schuldbesieger, den Todbesieger, und mit ihm das, was verloren gegangen ist: Vergebung. Versöhnung. Ewiges Leben. Der Apostel Johannes jubelt: „Wer den Sohn hat, der hat das Leben" (1. Johannes 5,12).

Diesen Sohn sehe ich am Grab seines Freundes Lazarus stehen. Der ist vor vier Tagen gestorben und „stinkt schon", wie seine Schwestern sagen. „Und Jesus gingen die Augen über", notiert der Evangelist Johannes. Der Todbesieger wird von der Rührung besiegt. Ein anrührender Satz. Warum weint Jesus? Glaubt er nicht mehr, dass er Lazarus wieder ins Leben zurückholen kann? Glaubt er sich selber nicht mehr? Oder durchlebt er schon, was ihm selber wenig später blühen wird?

Nein, ich glaube, dass Jesus in diesem Moment erschüttert ist von der grausamen Wirklichkeit des Todes. Was für mich ein ungeheurer Trost ist.

Jesus bleibt nicht unbeteiligt. Er steht nicht drüber, sondern mittendrin. Ja, er steht sogar drunter, wird erdrückt vom Schmerz.

Das heißt für mich, für uns: Jesus ist mitten in unserem Schmerz, in unserer Trauer. Jesus weint mit uns Weinenden, trauert mit uns Trauernden. Und schickt uns wiederum zu den Weinenden und Trauernden in unserer Welt, dass wir's bei ihnen genauso machen: mit ihnen weinen, trauern, schweigen, die Fassungslosigkeit aushalten.

So, wie die viel gescholtenen Freunde von Hiob es getan haben. Die sitzen immerhin zunächst sieben Tage und Nächte mit Hiob im toten Staub, bevor sie zum ersten Mal etwas sagen. – Vielleicht darf ja überhaupt nur der einem anderen etwas sagen, der zunächst eine Weile mit ihm im toten Staub des Schmerzes gesessen hat …

Er lag im Sterben, und er wusste es. Ich habe ihn besucht. Was mir sehr schwergefallen ist. Denn dem Leid eines anderen weiche ich ebenso gern aus wie der eigenen Wort- und Hilflosigkeit. Während ich schweigend und ein bisschen hilflos an seinem Bett saß, öffnete sich die Tür zu seinem Krankenzimmer, und eine freundliche Frau aus der Gemeinde schaute herein, drängte mich ein bisschen zur Seite und nahm seine Hände. „Aber Sie wissen ja, dass wir nicht an irgendeiner Krankheit sterben, sondern wenn Gott es will!", sagte sie. Worauf er sich unvermittelt aufrichtete und zornig blaffte: „Ich kann diese frommen Sprüche nicht mehr hören!" Sie erschrak und schämte sich wohl auch ein wenig und ruderte mit ihren Formulierungen vorsichtig zurück. Sie hatte es ja nur gut gemeint. Wollte nur helfen. Wollte nur trösten. Aber sie hatte nicht mit ihm im Dreck gesessen, im toten Staub des Schmerzes.

Sterben tut weh. Ausnahmslos allen, den Unfrommen und den Frommen. Weil wir am Leben hängen und nur dieses eine Leben haben. Weil wir Angst vor dieser letzten Reise haben und nicht wissen, was kommt. Was wirklich kommt.

Der Tod ist die hässliche und schmutzige Rückseite des neuen, ganz und gar anderen Lebens, das danach auf uns wartet. So ähnlich hat es Jörg Zink einmal gesagt. Und diese Rückseite macht Angst.

Wenn wir erst einmal durch sind ... Dann ... Aber hier und jetzt?

Vor ein paar Monaten habe ich eine berührende Trauerpredigt gelesen. Chris Zimmerman von der Holzland-Bruderhofgemeinschaft in Jena hat sie bei der Beerdigung seines Enkels Luke gehalten. Luke durfte wegen eines angeborenen Herzfehlers nicht mal einen Tag bei seinen Eltern Sara und Derek auf dieser Erde sein.

*„Trotz der Prognosen einiger Spezialisten, die daran gezweifelt hatten, dass er lebend zur Welt kommen würde, wurde Luke höchst lebendig und munter geboren. Freude erfüllte den Raum.*

*[...]*

*Am frühen Nachmittag fing Lukes Herz an, seinen letzten Kampf zu kämpfen. Freunde und Familie kamen in den Raum, um zu singen und zu beten, während wir uns um Luke versammelten und uns darauf vorbereiteten, dass Gott ihn zu sich nehmen würde. Diese kostbaren Stunden werden wir nie vergessen. Am späten Nachmittag starb er in den Armen seiner Eltern. Er war zehneinhalb Stunden alt.*

*[...]*

*Wieder und wieder kämpften wir darum, loslassen zu können: die Angst, den Wunsch, die Dinge anders zu lenken und übergenau zu planen – und auch die Versuchung, Gott infrage zu stellen, zu fragen: Warum? Ist das nicht etwas, was wir alle immer wieder lernen müssen? Derek und Sara mussten ihre Träume und Vorstellungen vom Glück als junges Ehepaar loslassen, weil Gottes Wille geschehen musste. Ich habe mich gefragt, was ich bereit bin loszulassen – was ich loslassen muss, damit Gott in meinem Leben wirken kann.*

*[...]*

*Lukes Aufenthalt bei uns war sehr kurz, aber er hat uns genug Erinnerungen gebracht, dass es für das ganze Leben reichen wird. Seine Zeit bei uns war herzzerbrechend traurig, aber sie hat uns auch mit tiefster Freude erfüllt. Vom Morgen seiner Geburt bis zum Abend hatte sich alles gewandelt: Lächeln wurde zu Weinen und überwältigende Freude zu überwältigender Trauer. Wir haben alle Emotionen verspürt, die man innerhalb eines Tages verspüren kann.*

*[…]*

*Wir wissen, dass das Boot, das kam, um Lukes Seele mit sich zu nehmen, sicher über das Wasser geleitet wurde, durch die Nacht unserer Trauer hindurch zu dem ruhigsten, schönsten Hafen, den man sich vorstellen kann. Es ist der Ort der ewigen Ruhe, der jedem von uns verheißen ist, sobald unser Boot die Segel setzt und wir die andere Seite erreichen. Das Wasser dort ist, wie es in der Offenbarung des Johannes heißt, kristallklar und der Himmel heller als tausend Sonnen. Und vor allem wird es dort keine Tränen mehr geben.*"[8]

Das ist die Perspektive, die uns Christen in aller Trostlosigkeit tröstet, in aller Mutlosigkeit Mut macht, in aller Hoffnungslosigkeit Hoffnung schenkt. Wir glauben an das Leben danach, an den Himmel. Weil Christus auferstanden ist und auf uns wartet.

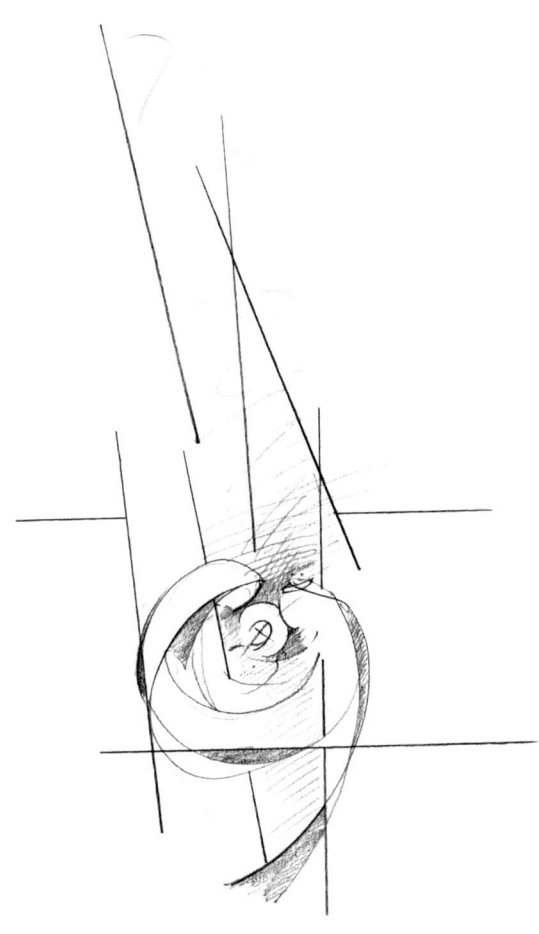

Du machst dich arm, du machst uns reich
Beschenkt aus der Fülle Gottes

## Du machst dich arm, du machst uns reich

Du machst dich arm, du machst uns reich.
Lässt dich herab und wirst uns gleich.
Du tauschst die Herrlichkeit bei Gott gegen Spott.
Und wir sehn das Geheimnis geschehn.

Du machst dich klein, du machst uns groß.
Du lässt den Glanz des Himmels los.
Wirst einer von uns, teilst unsre Welt, und so fällt
Gottes Licht warm auf unser Gesicht.

Du legst dich fest, du machst uns frei.
Du bindest alle Teufelei.
Du überwindest, was uns droht, auch den Tod.
Damit wir ewig leben mit dir.

Du setzt dich aus, du setzt uns ein.
Wir dürfen Gottes Kinder sein.
Bekommen Wohnrecht, wo du wohnst, wo du thronst.
Und dein Haus ist nun unser Zuhaus.

Du legst dich fest, du machst uns frei.
Du bindest alle Teufelei.
Du überwindest, was uns droht, auch den Tod.
Damit wir ewig leben mit dir.

Du machst dich schwach, du schenkst uns Kraft.
Schaffst ohne Macht, was Macht nicht schafft.
Wir sind befriedet und befreit und bereit
Dazu, dass wir lieben wie du.

Text: Jürgen Werth · Musik: Florian Sitzmann · © Gerth Medien Musikverlag, Asslar

Ein eigenes Auto, ja, das wäre schön, dachten meine Eltern damals. Aber für uns war das nicht bezahlbar. Mein Vater tröstete uns und sich selbst mit einem seiner ungezählten flotten Sprüche: „Auto fängt mit A an und hört mit O auf." So gingen wir weiter zu Fuß oder fuhren mit dem Bus.

Irgendwann aber hatte er ihn. Hatten wir ihn – einen alten mausgrauen Opel Rekord mit leicht eingedelltem Kühlergrill. Ein Schnäppchen. Aber eins mit Persönlichkeit. Darum bekam er auch sofort einen Namen: Hermann.

Hermann war unser Familienglück.

Für eine Weile.

Dann lächelte ein Neuer stolz und verlockend vom Parkplatz des Gebrauchtwagenhändlers. Der Neue war neuer. Und komfortabler. Nach ein oder zwei Jahren aber musste auch er Platz machen – einem noch neueren Neuen. Und so ging es weiter. Aber keiner war wie er, wie Hermann, wie Hermann, der Erste.

Inzwischen hatte ich längst selbst ein Auto: einen alten roten Renault Dauphine aus sechster oder siebter Hand. Mit ihm fuhr ich ein paar Monate jeden Tag auf der Sauerlandlinie nach Hagen und wieder zurück, durch Wind und Wetter und Winter.

Ich war Redaktionsvolontär bei der Westfälischen Rundschau und konnte mir nichts Besseres leisten. Der Renault hatte keine wirkliche Heizung, und ich musste alle paar Kilometer auf den Standstreifen fahren, um die vereisten Scheiben freizuschaben. Außen und innen. Und darum erschien ich öfter ein bisschen später als geplant in meiner Redaktion.

Alle hatten Verständnis, das war gut. Aber ich bekam auch viele weise Ratschläge. Der „Südmeister" zum Beispiel, ein älterer Kollege, sagte immer wieder denselben Satz: „Herr Werth, kaufen Sie sich eine neue Ente. Das hat doch keinen Zweck."

Die neue Ente, die dann irgendwann kommen musste und ganze 4.400 Mark kostete, hielt aber leider nicht lange, weil ich sie bei der Fahrt zu einem Jugendgottesdienst in der Siegburger Jugendstrafanstalt zu Schrott fuhr. So war der Neue dann wieder ein Alter, ein Gebrauchter. Und der „Südmeister" schwieg.

Nach und nach aber wurden die Autos neuer, größer, schneller, teurer. „Man dient sich hoch!", sagte mein Schwiegervater eines Tages – was als Kompliment gedacht war. Und was ich als Kompliment gehört habe. Schließlich ging's bergauf. Ich verdiente mehr – und konnte mehr ausgeben, musste vielleicht auch mehr ausgeben.

Ich habe damals ein Buch von Jacques Servan-Schreiber gelesen, der davon überzeugt war, dass genau das die Grundregel des kapitalistischen Systems ist: Wir wollen und müssen immer mehr verdienen und wollen und müssen immer mehr ausgeben. Und umgekehrt: Weil wir immer mehr ausgeben wollen und müssen, wollen und müssen wir immer mehr verdienen. Mehr noch: Unsere Wünsche wachsen weitaus schneller, als unsere Mittel wachsen, weshalb wir nicht zufriedener, sondern immer unzufriedener werden. Er machte das auch gleich ganz konkret: Verdienst du 1.000 Mark im Monat, hast du vielleicht Bedürfnisse für 1.500 Mark. Das ergibt eine „Zufriedenheitslücke" von 500 Mark – die du füllen willst und musst, indem du versuchst, mehr zu verdienen. Verdienst du aber 10.000 Mark, sind deine Bedürfnisse vielleicht schon auf 20.000 Mark gewachsen. Was eine Zufriedenheitslücke von 10.000 Mark ergibt. Das heißt: Die Spanne zwischen Wirklichkeit und Wunsch wird immer größer. Die Spanne und mit ihr die Spannung. Das führt dazu, dass die Menschen ihren wachsenden Bedürfnissen stets hinterherhecheln, wie der Hund, dem man mit einem langen Stock eine Wurst vor die Nase hält, die er aber nie erwischt. Menschen werden so zu Sklaven des Systems, weil sie immer mehr verdienen müssen – oder sich verschulden –, um immer mehr ausgeben zu können. Ohne allerdings jemals zu bekommen, wonach sie sich sehnen.

Ein Sozialist war er, dieser Servan-Schreiber. Aber hat er nicht recht? Wenigstens mit dieser These?

Was würde passieren, wenn plötzlich alle zufrieden wären mit dem, was sie haben? Zufrieden mit dem Platz, an dem sie leben? Zufrieden mit der Wohnung, dem Auto, den Klamotten? Der Wirtschaftsmotor geriete augenblicklich in ein tödliches Stottern.

Kennen Sie noch das alte Märchen vom „Fischer sin Fru"?

Da lebt ein Fischer mit seiner Frau Ilsebill in einer armseligen Hütte, sie nennen sie „Pissputt". Eines Tages angelt er im Meer einen Butt, der in Wirklichkeit ein verwunschener Prinz ist. Als der ihn um sein Leben bittet, lässt ihn der Fischer wieder frei. „Einfach so??", zetert Ilsebill. „Das hättest du dir bezahlen lassen müssen!" Sie drängt ihren Mann, den Butt erneut zu rufen, um sich eine kleine Hütte zu wünschen. Der Zauberfisch erfüllt ihm den Wunsch. Aber Ilsebill ist nur kurzzeitig zufrieden. Sie will mehr und mehr. Und ihre Wünsche werden immer maßloser. Erst will sie ein Schloss. Dann möchte sie König, Kaiser und schließlich Papst werden.

Alle diese Wünsche erfüllt der Butt. Doch als Ilsebill fordert, sie wolle der liebe Gott werden, sitzt sie wieder in ihrer armseligen Hütte.

Genau andersherum geht es im Grimm'schen Märchen von „Hans im Glück".

Hans hat sieben Jahre gearbeitet und einen Klumpen Gold als Lohn bekommen, „so groß wie sein Kopf". Aber weil ihm der Lohn auf seinem Heimweg zu schwer wird, tauscht er ihn bald gegen ein Pferd. Das Pferd dann gegen eine Kuh, die Kuh gegen ein Schwein, das Schwein gegen eine Gans, die Gans gegen die Steine eines Scherenschleifers. Dabei wird er immer fröhlicher.

Die Steine plumpsen schließlich bei einer Rast in einen Brunnen. Nun hat er gar nichts mehr und – ist nun ganz und gar und uneingeschränkt glücklich.

*Hans, als er sie mit seinen Augen in die Tiefe hatte versinken sehen, sprang vor Freuden auf, kniete dann nieder und dankte Gott mit Tränen in den Augen, dass er ihm auch diese Gnade noch erwiesen und ihn auf eine so gute Art und ohne dass er sich einen Vorwurf zu machen brauchte, von den schweren Steinen befreit hätte: das Einzige wäre ihm nur noch hinderlich gewesen. „So glücklich wie ich", rief er aus, „gibt es keinen Menschen unter der Sonne." Mit leichtem Herzen und frei von aller Last sprang er nun fort, bis er daheim bei seiner Mutter war.*[9]

*So ein dummer Kerl! So ein Pechvogel!*, habe ich wohl gedacht, als ich dieses Märchen zum ersten Mal vorgelesen bekam. So ein Glückskind!, will das Märchen wohl vielmehr sagen. Würde die Geschichte sonst „Hans im *Glück*" heißen? Seine Botschaft lautet: Weniger ist manchmal mehr. Man wird nicht dauerhaft glücklich durch immerzu wachsenden Besitz. Denn nur am Anfang macht er das Leben leicht, danach macht er es eher schwer. Und manchmal besitzt der Besitz dann irgendwann den Besitzer. Loslassen ist die Lösung.

Das Märchen vom „Fischer sin Fru" ist eine Parabel auf unsere Menschenwelt. Der Grimm'sche „Hans im Glück" eher eine Parabel auf die Gotteswelt. Denn in dieser gelten völlig andere Gesetzmäßigkeiten als bei uns.

Menschen wollen Gott sein. Gott will Mensch sein.

Menschen wollen nach oben. Gott will nach unten.

Menschen wollen reich werden. Gott wird arm.

Menschen wollen Macht. Gott wird ohnmächtig.

Menschenwelt und Gotteswelt sind Gegenwelten.

Das wird nirgendwo so deutlich wie in der Jesus-Geschichte. Sie zeigt: Gott kommt herunter, lässt sich herab, wird einer wie wir. Kommt gefährdet und unbehaust zur Welt. Wird ein Flüchtlingskind. Zieht später, ohne einen festen Wohnsitz zu haben, durch ein Land, das zwar seine Wohltaten annimmt, aber nicht ihn als Mensch. Kapernaum wird Ausgangspunkt und Rückzugsort seiner ausgedehnten Lehr- und Heilwanderungen durch eine Welt voller Sehnsucht und Angst. Kapernaum, hebräisch K'far Nahum, das „Kaff", das Dorf von Nahum, liegt rund zweihundert Meter unter dem Niveau des Meeresspiegels. Was übrigens auch eine besondere Symbolkraft hat: Jesus kommt nicht nur herab auf unser Lebensniveau – er geht sogar noch tiefer. Am Ende schlagen sie ihn an ein römisches Hinrichtungskreuz und er erstickt zwischen zwei Kriminellen. Tiefer geht's nicht.

Aber das ist dann doch noch einmal eine ganz andere Geschichte als die der Gebrüder Grimm. Jesus ist kein Hans im Glück geworden, eher ein Jesus im Unglück. Jesus ist nicht Hans, wollte nie Hans sein. Denn Hans ging es am Ende doch nur um Hans. Jesus aber ging es um uns. Immer und nur um uns. Er wurde arm, damit wir reich werden. Klein, damit wir groß werden. Schwach, damit wir stark werden. Er wollte, dass wir von ihm lernen. Es ihm nachmachen. Ihm nacheifern.

Ihm nachfolgen ist nur selten ein Weg nach oben. Es ist eher ein Weg nach unten – zu den Armen, Kleinen, Schwachen. Ich weiß, das klingt irgendwie unkomfortabel. Ist es auch. Wer Jesus konsequent hinterherglaubt und hinterherfolgt, wird wohl oft genug die Komfortzone des Lebens verlassen müssen.

Wie Franz von Assisi (1181–1226), der Sohn eines wohlhabenden Tuchmachers, der alle Privilegien seines Standes aufgab und den Bettelorden der „Minderen Brüder" gründete. Wie Elisabeth von Thüringen (1207–1231), die verwitwete Landgräfin, die ihr Vermögen einsetzte, um Armen und Kranken beizustehen.

Wie Mathilda Wrede (1864–1928), die finnische Aristokratin, die zum „Engel der Gefangenen" wurde.

Wie Jean Vanier (*1928), der kanadische Professor für Philosophie, der seinen Lehrstuhl aufgab, um mit geistig behinderten Männern zusammenzuleben, und zum Gründer der inzwischen international tätigen „Arche" wurde, einer Gemeinschaft, in der geistig behinderte und nicht behinderte Menschen zusammenleben.

Ja, wer Jesus nachfolgt, muss die Komfortzone verlassen, so wie die vielen Ungezählten, von denen die Öffentlichkeit nie groß Notiz genommen hat. Logisch, „denn man sieht nur die im Lichte, die im Dunkeln sieht man nicht"[10].

Sind sie ärmer geworden, all diese Franz von Assisis und Jean Vaniers und Mathilda Wredes dieser Welt? Ich bin sicher, sie würden entrüstet protestieren und strahlend sagen: „Im Gegenteil!" Und unterschreiben, was Jean Vanier einmal gesagt hat: „Ich wollte ihnen helfen und merkte auf einmal, wie sie mir halfen."

Vielleicht stimmen ja unsere Definitionen nicht. Und damit unsere Lebensziele. Vielleicht sind die Reichen gar nicht die Reichen und die Armen gar nicht die Armen. Vielleicht sind die Großen gar nicht die Großen und die Kleinen gar nicht die Kleinen, die Starken gar nicht die Starken und die Schwachen nicht die Schwachen.

In Gottes Welt jedenfalls werden Reichtum und Größe und Stärke anders definiert als in unserer Menschenwelt.

Maria, die Mutter von Jesus, jubelt in ihrem Magnificat: „Er stößt die Gewaltigen vom Thron und erhebt die Niedrigen. Die Hungrigen füllt er mit Gütern und lässt die Reichen leer ausgehen" (Lukas 1,52–53). Und ihr Sohn Jesus sagt später: „Es ist leichter, dass ein Kamel durch ein Nadelöhr gehe, als dass ein Reicher in das Reich Gottes komme" (Lukas 18,25). Und: „Wer unter euch groß sein will, der sei euer Diener" (Matthäus 20,26). Und der Apostel Paulus schreibt wenig später der Gemeinde in Korinth: „Was töricht ist vor der Welt, das hat Gott erwählt, damit er die Weisen zuschanden mache; und was schwach ist vor der Welt, das hat Gott erwählt, damit er zuschanden mache, was stark ist; und das Geringe vor der Welt und das Verachtete hat Gott erwählt, das, was nichts ist, damit er zunichtemache, was etwas ist" (1. Korinther 1,27–28).

Ich will meine Art zu leben immer wieder an den Maßstäben von Gottes Welt ausrichten und mich an dem armen reichen, dem kleinen großen, dem schwachen starken Jesus orientieren. Ihm nachfolgen. Und reich werden, wirklich reich. Groß, wirklich groß. Und stark, wirklich stark.

Menschen wie Himmelsfilialen
Begegnungen, die reich machen

## Menschen wie Menschen

Menschen mit Augen, die sehen.
Menschen mit Ohren, die hörn.
Menschen, die wirklich verstehen,
Nie eine Hoffnung zerstörn.
Menschen, die Liebe ausstrahlen,
Hell wie ein Leuchtturm am Strand
Menschen wie Himmelsfilialen.
Menschen mit Herz und Verstand.

Menschen wie Menschen – aus Liebe gemacht.
Menschen wie Menschen – im Himmel erdacht.
Menschen wie Menschen – von Gott zur Welt gebracht.

Menschen, die Menschen erschließen,
Menschen zum Menschsein befrein.
Die auch mit Worten nicht schießen,
Menschen, die groß sind und klein.
Menschen wie offene Türen.
Menschen, bei denen es taut,
Die dicht ans Feuer dich führen.
Menschen, auf die man vertraut.

Menschen wie Menschen – aus Liebe gemacht.
Menschen wie Menschen – im Himmel erdacht.
Menschen wie Menschen – von Gott zur Welt gebracht.

Text und Musik: Jürgen Werth · © Profil Medien Verlags oHG

Vielleicht waren das die wichtigsten Momente in meinem Leben: die kleinen Begegnungen mit großen Leuten und die großen Begegnungen mit kleinen Leuten. Wobei lange noch nicht ausgemacht ist, wer zu den Kleinen und wer zu den Großen gehört hat.

Sie war klein. Wirklich klein. Gerade mal ein Meter fünfzig. Und sie hieß auch noch so: Klein. Hanna Klein. Zum Glück trug sie eine weiße Haube, die Haube der Betheler Diakonissen. Die ließ sie um ein paar Zentimeter wachsen. Hanna war längst „Feierabend-Schwester", eine Diakonisse im Ruhestand, als ich ihr das erste Mal begegnet bin. Aber ihr Herz war jung geblieben. Und ihr Kopf war es auch. Immer wieder kam sie zu den Freizeiten des ERF. Immer wieder begegnete ich ihr bei Veranstaltungen in der Nähe ihres Mutterhauses. Und immer wieder stellte sie höchst intelligente Fragen. Sie sah tiefer, spürte, wo der Schuh drückte. Und sie ahnte die Ursachen. Bei mir und in meinem Unternehmen. Und sie versprach, dafür zu beten, was sie auch tat. Das Größte war immer wieder dieser Satz: „Für Sie bete ich jeden Tag!" Jeden Tag ein kleines Gebet von einer kleinen Schwester, für mich. Unfassbar groß war das! Ein Schatz. Der Geheimnis des Segens vielleicht sogar.

Heute denke ich manchmal, was wohl geworden wäre ohne ihre Fragen und ohne ihre Gebete – aus mir und dem ERF.

Als sie gestorben war, habe ich in einer Radiosendung von ihr erzählt. Manche haben anschließend geschrieben: „Wir treten jetzt an ihre Stelle. Wir beten weiter."

Danke!

Überhaupt: Danke für die Menschen. Die Menschen meines Lebens.

Der jüdische Religionsphilosoph Martin Buber hat 1923 in seinem Hauptwerk „Ich und Du" geschrieben: „Ich werde am Du, Ich werdend spreche ich Du, jedes Leben ist Begegnung."

Ich will hier aber auch von ein paar kleinen Begegnungen mit großen Leuten erzählen. Und von dem, was ich bei ihnen gelernt habe.


Paul Deitenbeck war so einer, Pfarrer in meiner Heimatstadt. Ein kleiner, aber gleichzeitig ein großer Mensch. „Ich will Jesus von unten groß machen!", sagte er zuweilen. Dabei spielte er nicht nur auf seine kleine Körpergröße an. Er wollte bei denen sein, die nicht so viel galten – weil sich der Jesus, den er groß machen wollte, zumeist auch bei denen aufgehalten hat, die nicht so angesehen waren. Paul Deitenbeck war der großzügigste, großmütigste Mensch, den ich jemals getroffen habe. Seinem geöffneten Portemonnaie konnte man kaum entfliehen. „Hier!", sagte er dann. „Fünf Mark. Für eine weltliche Freude. Nicht in die Kollekte tun!" Oder: „Kauf deiner

Frau ein paar Pralinen!" Er liebte und lebte die Großzügigkeit Gottes.

Bei einer Tagung mit Journalisten der säkularen Presse, auf der sich die evangelikale Bewegung vorstellen wollte, hatte er die Leitung inne. Auch sein engster Freund, der Evangelist Dr. Gerhard Bergmann, nahm an der Veranstaltung teil. Dieser musste allerdings die Versammlung vorzeitig verlassen, weil er pünktlich am Bahnhof sein wollte. Deitenbeck unterbrach die Veranstaltung, rief den widerstrebenden Bergmann noch einmal nach vorne und steckte ihm strahlend zwei Mark in die Hand. „Damit du dir im Zug eine Tasse Kaffee kaufen kannst!"

Da war die Kieler Malerin Margret Knoop-Schellbach. Ich war noch jung, als wir uns das erste Mal begegneten. Sie dagegen zählte altersmäßig schon zu den Fortgeschrittenen. Und doch haben wir uns verstanden, wie sich verwandte Seelen oft auf Anhieb verstehen. Einmal schenkte sie mir ein Hinterglasbild, auf dem ein Kopf abgebildet war. Der Titel lautete: „Ein Werdender". „Das bist du!", sagte sie schmunzelnd, „ein Werdender!" Viele Jahre später sagte sie freundlich lächelnd: „Jetzt bist du geworden!" Was mich gefreut, aber auch ein bisschen erschreckt hat. Ich will doch gar nicht geworden sein. Ich will ein Werdender bleiben!

Da war Jörg Zink, der Fernsehpfarrer, dessen Bibelübersetzung mir ganz neue himmlische Horizonte eröffnet hat und dessen Sprachgewalt ich bis heute bewundere. Bei den regelmäßigen Klausuren der „Wort zum Sonntag"-Sprecher, zu denen ich einige Jahre gehört habe, war er immer dabei. Obwohl er selbst längst nicht mehr im Fernsehen zu sehen war. Uns Sprechern schrieb er ins Stammbuch: „Ihr müsst bei jedem Thema den theologischen Grund finden, sonst habt ihr in dieser Sendereihe nichts zu sagen." Und mir riet er einmal: „Du beherrschst die Form. Nun musst du aber aufpassen, dass die Form nicht den Inhalt zudeckt."

Da war der Schriftsteller Manfred Hausmann, den ich für eine Radio-Reportage einen ganzen Tag lang in seinem Haus an der Unterweser besuchen durfte. Er hatte in den Zwanzigerjahren des letzten Jahrhunderts durch Vorlesungen von Karl Barth zum Glauben an Christus gefunden und war nun auch als Laienprediger tätig. Über die entscheidende Wende seines Lebens schrieb er einmal:

*Es kam, dass ich die Kirche nicht wie sonst als ein ethisch Erbauer und theologisch Beruhigter, sondern als ein Aufgewühlter, als ein um und um Gekehrter verließ ... Durch Karl Barth kam ich zu Kierkegaard, zu Dostojewski, zur Bibel und noch einmal und immer wieder zur Bibel. Sie hat nicht ihresgleichen auf Erden, weder als Dichtung – dem größten Teil der Menschheit wird diese atemraubende Dichtung freilich vorenthalten –, noch als Kunde vom Wesen des Menschen noch als Offenbarmachung des dreieinigen Gottes. Und dabei bin ich geblieben, denn hier ist gut sein.*[11]

„Ich bin kein christlicher Dichter!", sagte er gleich bei meiner ersten Interviewfrage. „Den gibt es nämlich nicht. Es gibt nur Dichter, die Christen sind." Wir diskutierten anschließend leidenschaftlich über das Verhältnis von Kunst und Verkündigung. Hausmann hatte das für sich klar getrennt, denn „mit Kunst kann man nicht verkündigen". Weil Kunst die Verkündigung des sperrigen Wortes Gottes eher hindere als fördere, eher zudecke als aufdecke. Er war davon überzeugt. Ich bin es bis heute nicht, auch wenn ich seinen Gedanken nachvollziehen kann. Hausmanns Fragen jedenfalls muss sich jeder Christ gefallen lassen, der künstlerisch tätig ist.

Neulich fiel mir sein Satz wieder ein. Nach einer berauschenden Aufführung von Händels „Messias" im Wetzlarer Dom. Bewegt und berührt gingen die vielen Hundert Menschen nach Hause. Bewegt und berührt von der Musik. Hatte jemand auf den Text geachtet?

Beim Abschied schenkte Manfred Hausmann mir damals zwei kleine Bücher. In eines schrieb er vorn auf die erste Seite:

*Wie sich ein Angesicht im Wasser spiegelt, so ein Mensch im Herzen des anderen.*

Wir waren nicht einer Meinung gewesen, aber wir hatten einander verstanden.

Da war Johannes Hansen, langjähriger Leiter des Amtes für Missionarische Dienste in der Westfälischen Kirche. Viele Jahre haben wir fürs Radioprogramm des ERF die „Gespräche über den Glauben" aufgenommen. Er war damit so etwas wie meine persönliche theologische Abendschule. Er war klug und elegant und wortgewandt und – eitel. Einmal verriet er mir: „Gestern habe ich gedacht: Johannes, du musst aufpassen. Du bist wirklich gut. Das kann gefährlich sein. Bei der Predigt saß jeder Satz. Wie der Ball bei einem Tenniscrack."

Jörg Zink und Manfred Hausmann hätten wissend geschmunzelt.

Da war Klaus Vollmer, auch ein rhetorisches Glanzlicht am Predigerhimmel. Viele Male waren wir zusammen in Israel. Und ich habe das Land und seine Geschichte durch ihn noch ein bisschen tiefer erlebt und verstanden. Er war ein kritischer Geist mit Ecken und Kanten. Allzu schlichte Fragen konnte er gnadenlos abschmettern: „Du darfst das sagen. Aber es zeigt, dass du nicht nachgedacht hast." Er war aber auch ein Mensch mit viel Humor und einem unwiderstehlichen Charme. Kurz bevor ihn die Demenz in eine andere Welt entführte, war er Gast bei den „Werthen Gästen". Da sagte er dann noch einen seiner unnachahmlichen Sätze: „Jeder von uns ist einmalig begabt. Einmalig bekloppt. Aber immer der Liebe Gottes wert!"

Da war Siegfried Lenz, der begnadete Schriftsteller. Ich traf ihn, als ich Volontär bei der Westfälischen Rundschau war.

Warum seine Romane meist ein dunkles Ende haben, habe ich ihn gefragt. „Schreiben Sie sich doch einfach ein anderes!", hat er nordisch verschmitzt geantwortet. „Ich habe das früher immer gemacht, wenn eine Geschichte anders ausgegangen ist, als ich mir das gewünscht habe." Siegfried Lenz – ach, dass er nie den Literatur-Nobelpreis bekommen hat, nehme ich den Verantwortlichen bis heute übel. Er hätte ihn viel eher verdient als sein Freund Günter Grass. Finde ich.

Da war Angela Merkel, die die Leitung der Deutschen Evangelischen Allianz zu einem vertraulichen Gespräch über „die Evangelikalen" in ihr Büro im Bundeskanzleramt gebeten hatte. Wir saßen an ihrem Tisch. Sie hatte Kaffee ausgeschenkt. Ganz Mutti. Sie konnte erzählen und zuhören. Im Gespräch prägte sie eine wunderbare Definition des Unwortes „evangelikal": „Für mich heißt das ‚intensiv evangelisch'." Das hat uns gefallen. Und ich darf das jetzt auch so gebrauchen. Mit höchstkanzlerischer Erlaubnis.

Ich war damals der Vorsitzende der Allianz und habe am Schluss gefragt: „Darf ich noch für Sie beten?" Nach einer kurzen Irritationspause sagte sie: „Ja, klar." Hinterher flüsterte mir ihre Büroleiterin, eine engagierte Katholikin, ins Ohr: „Was war das gut! In diesem Büro hat noch nie jemand gebetet."

Da war Heinz-Horst Deichmann, dem ich immer wieder begegnet bin und den ich mehrfach interviewt habe. Er war Orthopäde und Theologe. Und ein großherziger, liebenswürdiger

116

Christenmensch. Einmal sagte er: „Wir Schuhhändler knien vor unseren Kunden. Das ist die Haltung, mit der wir Menschen begegnen sollen. Es geht immer ums Dienen." Ja, Gott „von unten groß machen", hätte Paul Deitenbeck das genannt.

Und ich will hier auch von ihm noch erzählen: Dr. Paul Freed, Gründer und langjähriger Präsident von Trans World Radio, der Mutterorganisation des ERF. Als er im Sterben lag, war ich gerade bei einer Vorstandssitzung in der Zentrale in Cary, North Carolina. Freed rief an und erzählte dem damaligen Vorsitzenden, dass er gerade eine große Kreuzfahrt plane. Das Schiff sollte rund um die Welt fahren und in allen nur denkbaren Häfen Menschen mit an Bord nehmen. „Er fantasiert schon!", bemerkte der Vorstandsvorsitzende hinterher. „Eine Kreuzfahrt wird er ganz sicherlich nicht mehr machen!" Nein, habe ich gedacht, er fantasiert nicht. Er beschreibt sein Leben. Trans World Radio war so ein großes Schiff. Das Schiff des Glaubens. In aller Welt hatte es Menschen an Bord genommen. Trans World Radio sendet das Evangelium von Jesus nach höchst bescheidenen Anfängen mittlerweile in mehr als zweihundert Sprachen rund um den Globus. Menschen zum Glauben einladen und mitnehmen in das Land, in dem die Liebe Gottes regiert – das ist ein wunderbares Lebensmotiv!

Auch sie hat das viele Jahrzehnte lang getan: die Holländerin Corrie ten Boom. Ich habe sie 1974 in Lausanne beim ersten Internationalen Weltkongress für Evangelisation kennengelernt.

Bei dieser Konferenz mit ein paar Tausend Delegierten ging es auch um Strategien, wie die Weltbevölkerung noch effizienter und schneller mit dem Evangelium erreicht werden könnte. In einem Interview lächelte sie mich milde an und sagte leise: „Ach, wissen Sie, es gibt keine Panik im Himmel!" Engagement und Gelassenheit – mit diesem Paar lässt sich offenbar trefflich leben. Und predigen.

Menschen waren es, die mein Leben reich gemacht haben. Und Menschen sind es, die mein Leben heute reich machen: kleine und große Menschen. Kleine Große und große Kleine. Menschen, in deren Nähe ich mich wohlfühle. Die mir neue Dimensionen des Lebens, Denkens und Glaubens aufzeigen. Ich hoffe, ich werde ihnen auch weiterhin begegnen. Sie sind Himmelsfilialen. Leuchttürme am Strand. Und Schätze, die mehr wert sind als alles Gold der Welt.

Sola fide – nur der Glaube

Was uns trägt

## Sola fide

Sola fide – nur der Glaube
An den einen: Gottes Sohn
Solus Christus, er alleine
Ist die Gnade in Person
Und die Schrift erzählt davon

Solus Christus –
Gottes ausgestreckte Hand in diese Welt
Solus Christus –
Der uns jetzt und alle Zeiten hört und hält
Einzig Christus
Ist das Leben und die Wahrheit und der Weg
Einzig Christus –
Gottes ewiger Barmherzigkeitsbeleg

Sola gratia –
Nur die Gnade, unbezahlt und unverdient
Sola gratia –
Weil der Sohn am Kreuz für unsre Sünden sühnt
Nur die Gnade
Steigt herab und läuft uns nach und hält uns aus
Nur die Gnade
Lockt aus irdischer Verlorenheit nach Haus

Sola fide –
Nur wer treu an Christus glaubt, wird Gott gerecht
Sola fide –
Glauben heißt: Ich gebe Gott das Sorgerecht
Nur der Glaube
Sieht den Vater, er nimmt uns als Kinder auf
Nur der Glaube –
Seine Türen gehen nur von innen auf

Sola scriptura –
Nur die Schrift, die Botschaft aus der Ewigkeit
Sola Scriptura –
Gottes Mittel gegen die Vergesslichkeit
Nur die Bibel –
Himmelsworte, lesbar, lebbar Tag und Nacht
Nur die Bibel –
Gottes Wille für uns auf den Punkt gebracht

Sola fide – nur der Glaube
an den einen: Gottes Sohn
Solus Christus, er alleine
Ist die Gnade in Person
Und die Schrift erzählt davon

Text: Jürgen Werth · Musik: Siegfried Fitz · aus der CD „Bruder Martinus"

© ABAKUS Musik Barbara Fietz, 35753 Greifenstein

Dieser Berg! Das Herz pocht heftig. Aber die Mühe lohnt. Denn oben wartet die Burg. Die Wartburg. Immer wieder bin ich hier hochgestiefelt. Und habe aufgeatmet, als ich endlich vor ihren Toren stand.

Dabei liegt sie gar nicht besonders hoch. Nur 411 Meter über Normalnull. Das kann man auch als Metapher begreifen, als Bild: Wer hier gelebt und gelitten, gearbeitet und gekämpft hat, war niemals abgehoben, niemals herausgehoben aus den Sorgen und Fragen derer da unten – den Sorgen der Bauern, Händler, Herren, Mägde und Knechte, die in Eisenach wohnten. Die heilige Elisabeth war nicht abgehoben. Martin Luther nicht. Und auch nicht die fünfhundert Studenten, die sich 1817 hier versammelten, um gegen die reaktionäre Politik der deutschen Kleinstaaten zu protestieren, und so mitgeholfen haben, den deutschen Nationalstaat zu begründen.

1211, im zarten Alter von vier Jahren, kam Elisabeth von Thüringen auf die Wartburg. Die ungarische Königstochter sollte hier zehn Jahre später, mit 14 Jahren, Landgraf Ludwig von Thüringen heiraten. Ob sie glücklich war? Mit höfischem Prunk jedenfalls konnte sie herzlich wenig anfangen. Zeitzeugen berichten, sie habe „frommen Eifer gezeigt und ihr

Sinnen und Trachten in Spiel und Ernst auf Gott gerichtet". Auf Gott. Und auf die Armen. Als ihr Mann 1227 bei einem Kreuzzug ums Leben kam, widmete sie sich ausschließlich denen, die nichts hatten. „Nun soll mir die ganze Welt und aller Reichtum und alles Ansehen gestorben sein", soll sie gesagt haben.

Schon als Ludwig noch lebte, hatte sie sich für die Armen eingesetzt und war dadurch bei ihresgleichen auf unverhohlene Ablehnung gestoßen. Im Spital am Fuß der Wartburg, das sie hatte errichten lassen, legte sie nun, nach Ludwigs Tod, selber Hand an, pflegte und wusch die Kranken. Und spendete ihr gesamtes Vermögen für ihren Dienst.

Dreihundert Jahre später lebte Martin Luther auf der Burg. Sein Aufenthalt sollte ein Geheimnis bleiben, daher wurde er zum „Junker Jörg". Luther war wohl nicht freiwillig hierhergekommen. Sein Kurfürst, Friedrich der Weise, hatte ihn nach dem Reichstag zu Worms, auf dem Luther vor Staat und Kirche seine Thesen zurücknehmen sollte, quasi in Schutzhaft genommen.

Luthers spartanisch eingerichtetes Quartier war eine kleine Stube über dem ersten Burghof. Hier nutzte er die erzwungene Rast, um sich für künftige theologische Auseinandersetzungen zu wappnen und um das Neue Testament in die deutsche Sprache zu übersetzen. Diese Leistung sucht ihresgleichen: In gerade mal zwölf Wochen war das Werk geschafft. Später wurde es noch von Melanchthon und anderen Spezialisten bearbeitet und schließlich 1522 gedruckt. Dieses „Septembertestament" wurde schlagartig berühmt und fand in den evangelischen Gebieten einen reißenden Absatz. Es wurde zum Volksbuch. Auch, weil nicht zuletzt durch ihn, Martin Luther, das Volk auf einmal eine Sprache sprach.

Luther war ein begnadeter Theologe. Aber eben auch ein Sprachschöpfer. Viele seiner lebensprallen und blutvollen Formulierungen benutzen wir heute noch.

Der Publizist Wolf Schneider sagte es einmal so: „Die Sprache Luthers zu übertreffen ist unmöglich, sie zu erreichen ziemlich schwer. Die Lutherbibel ist die Stiftungsurkunde der deutschen Sprache."

Dieser Berg! Diese Burg!

Weit über fünfzig „Wartburg-Gespräche" habe ich hier moderiert. Habe fürs Fernsehen mit meinen Gästen über Gott und die Welt diskutiert, über das Leben und den Glauben. Hier auf der Wartburg, nicht in einem seelenlosen Fernsehstudio. Immer waren es gewissermaßen Gespräche im Angesicht von Elisabeth und Martinus. Und immer haben wir empfunden, dass man hier oben ein bisschen anders denkt. Freier. Tiefer. Und ein bisschen anders redet. Aufmerksamer. Einfühlsamer. Vielleicht, weil man Gott ein bisschen näher ist? Gott und den Menschen?

Begonnen habe ich die Sendungen immer mit einem Luther-Zitat, aufgenommen in seinem ehemaligen Arbeitszimmer, der Lutherstube. Da war ich Junker Jörg dann besonders nah. Abgeschlossen habe ich die Gesprächsrunden immer mit einem Segensspruch, den Luther einmal an seinen Vater geschickt hat: „Ich befehle euch dem, dem ihr wichtiger seid denn ihr euch selbst!"

Dieser Vater – Johannes hieß er – war wohl ein herrischer und mürrischer Zeitgenosse, und Martin hatte lange ein sehr angespanntes Verhältnis zu ihm. Umso berührender ist dieser Segen. Auch die Mutter Martin Luthers, Margarita, war streng, musste es wohl sein, weil sie eine große Kinderschar zu versorgen hatte – und weil man damals, im späten Mittelalter, eben streng zu sein hatte.

„Luder" hieß die Familie damals noch. Martin Luther wählte erst 1512, als er Doktor der Theologie geworden war, seine neue Nachnamensform. Er leitete sie vom griechischen Wort „Eleutherios" ab, was „der Freie" bedeutete. Aber er blieb ein Suchender, haderte und kämpfte mit dem gerechten und zornigen Gott, den er zu Hause und während seines Theologiestudiums kennengelernt hatte. Er suchte leidenschaftlich nach einem barmherzigen Gott.

Und der gab sich ihm zu erkennen.

Irgendwann, in seiner Studierstube im Schwarzen Kloster in Wittenberg, muss es wohl gewesen sein. Luther brütete gerade für eine neue Vorlesungsreihe über den Psalmen und über dem Römerbrief, und rang mit der Frage, wie der Begriff „Gottes Gerechtigkeit" zu verstehen sei. Er entdeckte den für ihn entscheidenden Vers schließlich bei Paulus – und verstand diese Worte auf einmal ganz und gar anders, als er sie bis dahin verstanden hatte und wie sie die Gelehrten seiner Zeit verstanden und verkündigten. Römer 1, Vers 17. Er selbst übersetzte den Vers später so:

*Denn darin wird offenbar die Gerechtigkeit, die vor Gott gilt, welche kommt aus dem Glauben in Glauben; wie geschrieben steht: „Der Gerechte wird aus dem Glauben leben."*

Da das Studierzimmer wohl im Turm lag, nennt man dieses Aha-Erlebnis Luthers auch das „Turmerlebnis".

Er selber beschreibt es viele Jahre später so:

*Da fühlte ich mich wie ganz und gar neugeboren, und durch offene Tore trat ich in das Paradies selbst ein. Da zeigte mir die ganze Heilige Schrift ein völlig anderes Gesicht. Ich ging die Schrift durch, soweit ich sie im Gedächtnis hatte, und fand auch bei anderen Worten das Gleiche, zum Beispiel „Werk Gottes" bedeutet das Werk, das Gott in uns wirkt ... Mit so großem Hass, wie ich zuvor das Wort „Gerechtigkeit Gottes" gehasst hatte, mit so großer Liebe hielt ich jetzt dieses Wort als das allerliebste hoch. So ist für mich diese Stelle des Paulus in der Tat die Pforte in das Paradies gewesen.*[12]

Das war die Zeitenwende. Nicht nur für ihn. Alle können es seitdem erkennen, immer wieder neu erfahren: Wir Menschen können uns die Freundlichkeit Gottes nicht verdienen. Wir müssen es auch nicht. Gott ist gnädig. In Christus und durch Christus. Der ist der einzige Weg zu Gott, der einzige Zugang, der Vermittler. Die Menschen brauchen nicht die institutionelle Vermittlung der Kirche. Alles, was sie tun müssen, ist: Christus vertrauen, ihm glauben. Das alles ist beurkundet durch die Schrift, das Wort Gottes, die Bibel. Es braucht darum keine ergänzenden Beschlüsse von hohen Geistlichen auf sogenannten Konzilien.

Einige Zeit später werden die neuen Erkenntnisse in den vier berühmten Solis zusammengefasst. Sie bilden quasi die „Magna Carta" der Reformation:

*Sola fide – allein der Glaube.*
*Sola gratia – allein die Gnade.*
*Sola scriptura – allein die Schrift.*
*Und vor allem und über allem:*
*Solus Christus – allein Christus.*

Diese vier kurzen Bekenntnisse sind bis heute die Basis für alles, was sich evangelisch nennt. Sie fassen zusammen, wofür Martin Luther gelebt und gekämpft hat. Sie fassen zusammen, was wir evangelische Christen bis heute glauben, bekennen und leben.

Evangelisch heißt: am Evangelium ausgerichtet. In diesem Sinne können auch Katholiken evangelisch sein. Evangelisch wohlgemerkt, nicht „lutherisch". Diese Formulierung mochte schon der Reformator so gar nicht.

*Ich bitte, man wollt meines Namens geschweigen und sich nicht lutherisch, sondern Christen heißen. Was ist Luther? Ist doch die Lehre nicht mein. So bin ich auch für*

*niemand gekreuzigt. Wie käme denn ich armer stinkender*
*Madensack dazu, dass man die Kinder Christi sollte mit*
*meinem heillosen Namen nennen? Nicht also, liebe Freun-*
*de, lasst uns tilgen die parteiischen Namen und Christen*
*heißen, des Lehre wir haben.*[13]

Zwei Tage vor seinem Tod kritzelte er auf ein Blatt Papier die legendären Worte: „Wir sind Bettler. Das ist wahr." Er war ein Bettler, ja, aber einer, der wusste, wo es etwas zu essen gab: beim gnädigen Gott, dem Vater von Jesus Christus.

Martin Luther war bis zu seinem letzten Tag ein Werdender, keiner, der geworden war. Einer, der ständig auf dem Weg war, aber nie meinte, angekommen zu sein. Er schreibt:

*Das Leben ist nicht ein Frommsein, sondern ein Fromm-*
*werden, nicht ein Gesundsein, sondern ein Gesundwer-*
*den, nicht ein Sein, sondern ein Werden, nicht eine Ruhe,*
*sondern eine Übung. Wir sind's noch nicht, wir werden's*
*aber. Es ist noch nicht getan oder geschehen, es ist aber im*
*Gang und im Schwang. Es ist nicht das Ende, es ist aber*
*der Weg. Es glüht und glänzt noch nicht alles, es fügt sich*
*aber alles.*[14]

So einer möchte ich auch sein: stets werdend und stets auf dem Weg. Und stets in dem Bewusstsein dessen, was mich trägt: allein Christus, allein seine Gnade, allein der Glaube, allein die Schrift.

Bei dir alleine komm ich zur Ruhe

## Vom Segen der Stille

## Bei dir alleine komme ich zur Ruhe

Bei dir alleine komme ich zur Ruhe.
Weil du alleine Kopf und Seele stillst.
Bei dir zählt, was ich bin, nicht, was ich tue.
Ich weiß, dass du nur Gutes für mich willst.

Und hier hast du, was mich quält,
was zu viel ist, was mir fehlt.
Und hier hast du meine Sorgen, meine Angst.
Und hier hast du meinen Neid,
meine Wut, die Bitterkeit.
Meine Dunkelheit ist das, was du verlangst.

Und hier hast du meine Schuld,
Übermut und Ungeduld.
Und hier hast du meinen Traum vom besseren Ich.
Und hier hast du Tag und Nacht,
alle Worte unbedacht,
alle Gaben, alle Grenzen, einfach mich.

Und hier hast du, was bedrückt,
was misslingt und was mir glückt,
Meine Narben und den Schmerz von dem, was war.
Und hier hast du, was mich treibt,
was ich schaff, was unterbleibt.
Und hier hast du alle Tage, jedes Jahr.

Bei dir alleine komme ich zur Ruhe.
Weil du alleine Kopf und Seele stillst.
Bei dir zählt, was ich bin, nicht, was ich tue.
Ich weiß, dass du nur Gutes für mich willst.

Text: Jürgen Werth · © 2017 Gerth Medien Musikverlag, Asslar

Musik und © 2017: Florian Sitzmann

Stille. Ich habe ein Buch darüber geschrieben[15]. Man könnte meinen, ich wäre deshalb ein Experte darin und könnte mir mit Leichtigkeit Ruheinseln im Alltag verschaffen. Doch auch ich muss immerzu um dieses kostbare Gut kämpfen, auch jetzt noch, in dieser Lebensphase, die die anderen Ruhestand nennen.

Vielleicht war's ja sogar ein bisschen einfacher in all den Jahren, in denen meine Tage eine einigermaßen feste Struktur hatten. Und in denen die vielen Anforderungen das Bedürfnis nach Stille stetig genährt haben.

Ich erinnere mich an ein Stilles Wochenende in der Kommunität Jesus-Bruderschaft in Gnadenthal. Es war Donnerstagnachmittag und ich wusste: Für die nächsten Tage steht nichts auf meiner Agenda. Keine Sitzung, keine Sendung, kein Mitarbeitergespräch, keine Entscheidung. Nur Gott und ich waren da, und die anderen, die sich auch für dieses Stille Wochenende angemeldet hatten. Aber die waren nicht wirklich wichtig für mich; es war schließlich ein langes Wochenende im Schweigen. Was ich zusätzlich befreiend fand, war: nichts reden zu müssen. Sich nicht darstellen zu müssen. Keine Fragen beantworten zu müssen.

Auf dem Weg zu meiner kleinen Klause hätte ich in die Luft springen können vor Glück. Später habe ich in mein Tagebuch geschrieben:

*Angekommen. Endlich. Ich freue mich wie ein kleiner Junge. Aufatmen, einatmen, ausschlafen. Nichts reden müssen, nichts entscheiden müssen, nichts raten müssen, nichts müssen müssen. Gnadenthal tut gut. Ein weiterer Tag wäre nicht schlecht. Die Stille, die Einsamkeit haben etwas Verlockendes.*

Könnte ich das heute auch noch so begeistert notieren?

Ja, es gibt immer noch viele Anforderungen in meinem Leben, aber andere. Und die sind meist einsamer. Da sind oft nur mein Rechner und ich. E-Mails beantworten, Bücher und Artikel und Predigten schreiben und ab und zu eine Sendung oder eine Veranstaltung planen. Immer wieder auch aufbrechen zu einem Konzert, zu einem Gottesdienst, zu einer Freizeit. Mehrfach im Monat. Aber doch nicht gleich mehrfach am Tag.

Und wenn das Telefon läutet, ist es meistens eine Frau für meine Frau …

In der Zeit dazwischen das Haus, die Küche, der Garten. Die Familie, die Freunde, der CVJM, die Gemeinde.

Das Leben fühlt sich gut an. Meistens. Aber es lädt nicht automatisch zum stillen Zwiegespräch mit Gott ein. Und schon gar nicht zu einem Stillen Wochenende. Braucht weniger Aktion also weniger Kontemplation? Je länger ich darüber nachdenke, desto mehr spüre ich, dass ich diese Auszeiten wohl nicht weniger brauche als vorher. Auch wenn ich's nicht immer und nicht ganz so doll spüre wie früher in einer prall gefüllten Arbeitswoche im ERF.

Ein Freund, der sich in seiner Dienstzeit mit großer beruflicher Verantwortung eine regelmäßige Auszeit am Meer gegönnt hatte, empfindet Ähnliches: „Ich habe gedacht, im Ruhestand brauche ich das nicht mehr. Jetzt aber merke ich: Ich brauche es genauso dringend wie vorher, um meine Seele neu auf Gott ausrichten zu können. Aber anderen gegenüber ist das viel schwerer zu begründen. ‚Du hast doch jetzt immer Auszeit', sagen sie."

Bursfelde, ein ehemaliges Kloster an der Oberweser, ist seit ein paar Jahren meine Adresse für Stille. Direkt nach meiner Verabschiedung im ERF bin ich dort für ein paar Tage abgetaucht. Danach aber war ich ein ganzes langes Jahr nicht ein einziges Mal dort. Ich hatte einfach keine Zeit dafür eingeplant. Nun versuche ich wieder regelmäßig, dort ein paar Tage für mich zu reservieren. Weil ich es brauche. Obwohl ich in gewisser Weise immer Auszeit habe. Aber die ist etwas ganz anderes.

Eine ältere Witwe erzählte einmal beim abschließenden Erfahrungsaustausch einer Meditationswoche: „Ich habe diese Tage geschenkt bekommen. Erst wusste ich gar nicht, was ich hier soll. Bei mir zu Hause ist es doch eigentlich immer still. Aber jetzt, im Nachhinein, kann ich sagen: Die Stille hier war eine gefüllte Stille, von Gott gefüllt. Das ist so ganz anders als zu Hause. Ich werde mir das wieder gönnen."

Die Stille vor Gott, diese gefüllte Stille, ist nicht einfach da, wenn man ein bisschen mehr Zeit hat als sonst. Sie stellt sich auch nicht von selbst ein. Ich muss sie wollen. Gott drängt sich nicht auf. Nur selten platzt er unangemeldet in die Hektik oder in die Langeweile meines Lebens. Ich muss seine Nähe suchen, die Berührung seines Geistes. Er ist da, ja. Immer und überall. Aber bin ich's auch? Das fragte sich immer wieder auch ein alter Pfarrer. Auf einem Zettel, den er in seiner Jackentasche zu tragen pflegte, stand: „*Gott* ist da. Wo bin ich *gerade*?"

In Ole Hallesbys Klassiker „Vom Beten" habe ich ein paar weitere bedenkenswerte Wahrheiten gefunden. Hallesby (1879–1961) war Professor für Systematische Theologie in Oslo. Und er war Erweckungsprediger! Eine Kombination, die man sich heute kaum noch vorstellen kann. „Vom Beten" ist das Buch, das ihn auch in Deutschland bekannt gemacht hat.

Stille, Beten, das ist für Hallesby keine Aktion, sondern ein Zustand. „Atemholen der Seele" nennt er das, ein „sich sonnen in der Gnadensonne". In diesem Zustand muss man nichts leisten. Da muss man nur sein. Man muss auch nicht sprechen. Gott will nicht meine klugen Worte, er will mein Herz. Ich muss ihm nichts erklären, keine Überzeugungsarbeit leisten, ich muss ihm nichts verstehbar und verständlich machen. Er versteht auch das, was ich selbst nicht verstehe. Er nimmt auch das Verschwiegene wahr. Hallesby zieht einen wunderbaren Vergleich, wenn er sagt: „Jede Mutter weiß, was ihr Baby braucht, obwohl es nicht sprechen kann."

Eine Mutter und ihr Baby. Ein Vater und sein Kind. Mein Vater und ich. Mein Vater und meine Mutter. Gott ist wie diese Mutter, wie dieser Vater, der tröstet, „wie einen seine Mutter tröstet" (Jesaja 66,13).

Auf Papas Schoß, in Mamas Armen darf ich wieder klein sein, schwach sein. Ich muss es vielleicht sogar. Für Hallesby nämlich ist genau das die wichtigste Voraussetzung beim Beten: Hilflosigkeit. Ich weiß, dass ich es alleine nicht schaffe. Das Leben nicht. Meine Beziehungen nicht. Auch die Beziehung zu Gott nicht. Und das Gebet nicht. Wer glaubt, beten zu können, kann es möglicherweise gar nicht wirklich. Vielleicht müssen wir immer wieder mit den Jüngern sagen: „Herr, lehre uns beten."

Ein paar Tage für die Stille, wenigstens einen Tag. Das habe ich mir in meiner Dienstzeit immer wieder selber verordnet. Weil ich es gebraucht habe – vielleicht noch mehr als andere. Immerhin weiß ich seit ein paar Jahren, dass ich zu den Hochsensiblen gehöre, zu den Menschen also, die alles ein bisschen intensiver wahrnehmen und die darum regelmäßig solche Rückzugsorte brauchen: zum Arbeiten, zum Verarbeiten, zum Aufatmen. Zum Durchatmen. Und schlicht zum Überleben.

Manchmal habe ich mich gefragt, ob jemand wie ich eigentlich einen Betrieb wie ERF Medien leiten kann. Fast zweihundert wuselige Mitarbeiter, Radio und Fernsehen und Internet auf immer mehr Kanälen, ungezählte Sitzungen und

Begegnungen im Inland und im Ausland – und ein lediglich aus Spenden gespeister Jahresetat von rund 14 Millionen Euro. Ich konnte. Konnte immer wieder, weil Gott es offenbar so wollte, weil im Unternehmen viele andere waren, die die Arbeit mitgetragen und mitverantwortet haben. Weil da zu Hause eine Frau war, die mich mit warmer Selbstverständlichkeit ausgehalten und aufgerichtet hat. Weil es Freunde gab, bei denen ich nicht der Vorstandsvorsitzende sein musste. Und weil ich mich immer wieder herausgezogen habe aus dem Schlick und Gestrüpp des Alltags.

Einfach raus. Und wenn auch nur für einen Tag.

Ganz und gar unromantisch war das meistens. Ich lasse Sie noch einmal in mein Tagebuch schauen:

*Stiller Tag, wirre Gedanken. So vieles, was ich heute klären möchte. So vieles, was ich erwarte von mir und von Gott. So beginne ich mit einer sonderbaren Gemengelage. Sitze hier in meiner Zelle, schlürfe meinen Kaffee, suche in der Bibel nach meinem Text für heute. Notiere, was ich sonst noch alles bedenken und entscheiden möchte. Schätze ab, ob die Zeit reicht – kurz: Ich sitze hier mit der versammelten Unruhe meines Lebens. Noch ist Alltag. Noch hat der Stille Tag so richtig nicht begonnen. Aber ich weiß schon, dass ich diese Phase zulassen muss. Ich kann nicht einfach abschalten, umschalten. Ich muss es auch nicht. Wer Gott begegnen will, muss nicht erst heilig werden. Er ist es. Wer die Stille sucht, muss sie nicht schon mitbringen. Er*

*findet sie. Wer Belastendes abgeben möchte, darf es, muss*
*es vor sich selbst und vor dem lebendigen Gott ausbreiten,*
*damit er befreit werden kann. Und das darf so chaotisch,*
*so unstrukturiert sein wie bei mir an diesem Morgen. Am*
*Anfang der Schöpfung war Chaos. Tohuwabohu. Und der*
*Geist Gottes und sein Wort: „Es werde Licht." Herr, lass es*
*Licht werden heute.*

Wer eruptive Gefühle erwartet, wenn er betet, erwartet Falsches. Schon Elia ist Gott weder in einem Gewitter noch in einem Erdbeben noch im Feuer erschienen, sondern in dem, was der jüdische Theologe Martin Buber „verschwebendes Schweigen" genannt hat. Die falschen Erwartungen hindern zuweilen die Begegnung mit Gott.

Doch ist Beten mehr als ein singuläres Ereignis. Die Seele atmet ja nicht nur alle paar Wochen. Beten kann und darf nicht nur in dafür besonders reservierten Zeiten und an besonders reservierten Orten stattfinden. Beten ist ein Lebensstil. Beten ist Leben. Wenn Glauben eine Beziehungssache ist, dann ist Beten Ausdruck dieser Beziehung. Wer keine Zeit miteinander verbringt, wer nicht miteinander kommuniziert, redend und schweigend, wird nicht behaupten können, er lebe in einer Beziehung. Beten ist die Lifeline, die Nabelschnur, die mich mit Gott verbindet und ihn mit mir. Wir können reden, auch nebenbei und zwischendurch.

Und müssen nicht einmal reden. Ich weiß ja, dass er weiß. Er ist dabei. Immer. Der große einfühlsame Versteher. So kann jedes glückliche Lächeln ein Gebet sein. Und auch jeder verzweifelte Stoßseufzer. Und jeder Sonnenstrahl und jeder Regentropfen können ein himmlisches Hallo sein, mit dem Gott mich begrüßen und erfreuen will. Alles kommt an. Ich komme an bei ihm. Und er hoffentlich auch immer wieder bei mir.

Dann wurd' sein Blick trüber ...

Was von uns bleibt

## Der Alte

Sie kamen, sie suchten sein Ohr und sein Herz
Die gütigen Augen, ein lösendes Wort
Mit Sorgen, mit Fragen, mit Glück und mit Schmerz
Und gingen befreit und beseelt wieder fort

Er lauschte, er liebte, er lächelte mild
Und lockte das Schwerste und Tiefste ins Licht
Er ehrte das Kleine, verachtete nichts
Und saß über niemand und nichts zu Gericht

Dann wurd' sein Blick trüber, er sah sie nicht mehr
Doch sie sahn: Das Lächeln der Augen starb nicht
Er lauschte, er liebte, er lächelte mild
Und lockte das Schwerste und Tiefste ins Licht

Dann starben die Ohren, er hörte nicht mehr
Doch fühlte sein Herz, was der Kopf nicht verstand
So kamen sie weiter, erzählten ihr Leben
Und atmeten auf unter seiner segnenden Hand

Dann brach seine Stimme, sein Mund wurde stumm
Kein Rat mehr, kein Segen, kein weltweiser Satz
Doch immer noch Güte, doch immer noch Liebe
Und jede Berührung ein himmlischer Schatz

Dann lahmten die Arme, zum Segnen zu schwach
Doch weiterhin suchten und fragten sie ihn
Erzählten und lachten und weinten sich leer
Und er weinte beinah noch mehr, wie es schien

Kein Ohr mehr, kein Mund mehr, kein Blick, der versteht
Und keine Berührung, so sanft wie zuvor
Er war nur noch Liebe, war nur noch sein Herz –
und an dieses Herz legten sie nun ihr Ohr

Text und Musik: Jürgen Werth · © 2017 Gerth Medien Musikverlag, Asslar

Die letzte Sitzung. Wieder einmal. Diesmal ist es die Generalversammlung der Europäischen Evangelischen Allianz in der Nähe von Lissabon. Und wieder einmal versuche ich meine irritierten Gefühle mit dem Gedanken zu besänftigen, dass ich ja auch hier höchst freiwillig ausscheiden werde. Vor der Zeit. Wie eigentlich immer in den letzten Jahren.

Und trotzdem ist da wieder dieser alte und ewig junge Konflikt zwischen Freiheit und Geborgenheit. Zwischen unabhängig sein und dazugehören wollen.

Es hatte schon anders begonnen als sonst. Denn alle anderen waren als wichtige Repräsentanten wichtiger Organisationen gekommen. Ich aber wieder „nur" als Jürgen Werth. Als wären alle anderen in einem großen Truck mit Eindruck heischender Beschriftung angereist, ich lediglich mit meinem Fahrrad.

Immerhin: Ich war der Vertreter der Deutschen Allianz. Aber auch das zum letzten Mal. So konnte ich beim gegenseitigen Vorstellen immer wieder nur auf das zurückgreifen, was ich eigentlich hasse: „Ich *war* …"

Der Radius wird kleiner. Die Zahl der Verpflichtungen nimmt ab. Ist so. Muss so sein. Aber eben: Es tut gut und weh zugleich.

Immer wieder ertappe ich mich bei solchen Gelegenheiten bei dem leisen Gedanken, dass da doch noch etwas kommen muss. Dass mich vielleicht doch noch irgendjemand irgendwann zu irgendetwas Neuem, Großem, Wichtigem beruft. Aber meist lächeln mich meine scheidenden Sitzungsfreunde nur freundlich und ein bisschen neidisch an und raunen: „Du hast es gut!"

Hab ich ja auch.

In meinem „Tagebuch eines Abschieds"[16] beschäftige ich mich mit der Frage, was eigentlich bleibt. Das Buch trägt den zuversichtlichen und auch ein bisschen trotzigen Titel: „Mehr Anfang war selten". Das stimmt ja. Das stimmt noch immer. Aber die Rückseite des Anfangs heißt Abschied. Und der ist immer „ein bisschen wie Sterben". Das wusste schon Katja Ebstein 1980 in der ZDF-Hitparade.

So mancher hat mich gefragt, ob ich nicht eine Fortsetzung meines Tagebuchs schreiben könnte. Ja, ich könnte, aber ich werde nicht. Wenigstens nicht so. Denn alles, was ich dort geschrieben habe, gilt ja noch. Okay, im Schlusseintrag notierte ich: „Das Altland liegt hinter mir, ohne Frage. Doch das Neuland fühlt sich noch immer etwas neu an, ist noch keine richtige Heimat." Das gilt so nicht mehr. Das Neuland ist mir inzwischen vertraut. Ich kenne mich schon ein bisschen aus und ich fühle mich meistens pudelwohl. Darf noch ganz viel singen, predigen, schreiben. Darf also das tun, was ich immer schon ausgiebiger tun wollte, als das in meiner Zeit als Chef von ERF Medien möglich war.

Und, was vielleicht die schönste und kostbarste Erfahrung ist: Ich erlebe, dass ich anderen Menschen ins Herz singe, spreche, schreibe. Dass sie aufatmen, neuen Mut fürs Leben und für den Glauben tanken. Und immer wieder darf ich mit anderen ein Erntedankfest feiern: Menschen sagen Danke für Lieder, für Bücher, für Sendungen, die sie in den vergangenen Jahrzehnten berührt haben, und erzählen bewegende Geschichten dazu.

Aber da steht eben auch dieses kleine Wort „noch". Habe ich es oben bewusst in den Satz gefügt oder hat es sich hineingemogelt?

Ich darf noch. Ich will noch. Noch. Vielleicht noch lange. Vielleicht nicht mehr so lange. Niemand weiß es. Was ich aber weiß, ist, was wir alle wissen, aber meistens nicht wissen wollen: Ich werde älter. Minute um Minute, Jahr um Jahr. Die Säfte fließen nicht mehr so, wie sie noch vor ein paar Jahren geflossen sind. Die Lebensenergie nimmt ab. Die Wehwehchen nehmen zu. Oder habe ich nur einfach mehr Muße, sie zu beachten?

Wenn ich älteren Männern begegne, noch älteren als ich, in der Familie oder im Freundeskreis, denke ich immer häufiger: In ein paar Jahren wirst du auch so sein. Wirst du gebeugter durch die Welt gehen als heute, wirst du in Kopf und Seele nach Erinnerungen suchen und nach den dazu passenden Worten. Werde ich dann noch irgendwo mein steinaltes „Du bist du" singen dürfen? Werde ich es dann überhaupt noch können? Mit Überzeugung? Wird auch der gebeugte Jürgen

Werth noch ein genialer Gedanke Gottes sein? Jajaja. Er bleibt es. Und ihm gilt, was allen Alten schon immer gegolten hat, die Zusage des alten und ewig jungen Schöpfers:

> *Auch bis in euer Alter bin ich derselbe, und ich will euch tragen, bis ihr grau werdet. Ich habe es getan; ich will heben und tragen und erretten.*

*Jesaja 46,4*

Was bleibt? Die Funktionen bleiben nicht. Die Ämter und die Titel bleiben nicht. Die Gestalt bleibt nicht. Vielleicht bleiben auch die Gedanken nicht.

Aber er bleibt. Und das Herz bleibt.

Und ein paar Erinnerungen.

Es war *das* Gebet. Beinahe an jedem Abend. Nur Mutti und ich. Die Vorhänge waren zugezogen, der Tag ausgesperrt. „Ich bin klein, mein Herz mach rein, soll niemand drin wohnen als Jesus allein. Amen." Bettdecke richten, Küsschen und gute Nacht.

Ob ich's damals verstanden habe, mit drei oder vier Jahren? Ob sie's damals verstanden hat? Der Jesus, von dem sie da redete, war ihr eher fremd. Egal. Das Gebet zur Nacht gehörte zu den festen Ritualen der Fünfzigerjahre. Wie auch das Morgengebet in der Schule – und der Morgenchoral. Ich erinnere mich vor allem an zwei: „Jesu, geh voran auf der Lebensbahn" und „Lobe den Herren, den mächtigen König der

Ehren". Haben meine Lehrer diese Verse geglaubt? Habe ich sie verstanden? Eher nicht. Ich weiß jedenfalls noch, dass ich die erste Strophe von „Lobe den Herren" so zu singen pflegte: „Kommet zuhauf, Psalter und Hafer wacht auf!"

Was bleibt? Diese Lieder bleiben. Ihre Gewissheiten. Das Gebet bleibt. Die Bitte: Wohn in meinem Herzen, lieber Jesus. Die Erfahrungen bleiben, das Lebenswissen bleibt.

Das weiterzugeben ist eine Aufgabe für älter werdende Menschen. „Der Vater macht den Kindern deine Treue kund", schrieb schon der Prophet Jesaja (Kapitel 38,19).

Bei Matthias Claudius habe ich ein paar weise Sätze gefunden, die widerspiegeln, wie er die Sache mit dem Weitergeben gehalten hat. Der Schriftsteller, Journalist und Lebenskünstler schrieb 1799 an seinen Sohn:

*Gold und Silber habe ich nicht;*
*was ich aber habe, gebe ich dir.*

*Lieber Johannes!*

*Es ist nicht alles Gold, lieber Sohn, was glänzet, und ich habe manchen Stern vom Himmel fallen und manchen Stab, auf den man sich verließ, brechen sehen. Es ist nichts groß, was nicht gut ist; und nichts wahr, was nicht bestehet. Lerne gerne von andern, und wo von Weisheit, Menschenglück, Licht, Freiheit, Tugend etc. geredet wird, da höre fleißig zu. Doch traue nicht flugs und allerdings, denn die*

*Wolken haben nicht alle Wasser. Man hat darum die Sache nicht, dass man davon reden kann und davon redet. Worte sind nur Worte, und wo sie so gar leicht und behände dahinfahren, da sei auf deiner Hut, denn die Pferde, die den Wagen mit Gütern hinter sich haben, gehen langsameren Schritts.*

*Wenn dich jemand will Weisheit lehren, da siehe in sein Angesicht. Dünket er sich noch, und sei er noch so gelehrt und noch so berühmt, lass ihn und gehe seiner Kundschaft müßig. Was einer nicht hat, das kann er auch nicht geben. Es ist leicht zu verachten, Sohn; und verstehen ist viel besser. Nicht die frömmelnden, aber die frommen Menschen achte und gehe ihnen nach. Ein Mensch, der wahre Gottesfurcht im Herzen hat, ist wie die Sonne, die da scheinet und wärmt, wenn sie auch nicht redet.*

*Habe immer etwas Gutes im Sinn.*

*Wenn ich gestorben bin, so drücke mir die Augen zu und beweine mich nicht. Stehe deiner Mutter bei und ehre sie, solange sie lebt, und begrabe sie neben mir.*

*Und sinne täglich nach über Tod und Leben, ob du es finden möchtest, und habe einen freudigen Mut; und gehe nicht aus der Welt, ohne deine Liebe und Ehrfurcht für den Stifter des Christentums durch irgendetwas öffentlich bezeuget zu haben.*

*Dein treuer Vater*[17]

Das Lebenswissen bleibt. Der Glaube bleibt. Und das Herz. Das unruhige, verwirrte und verzagte Herz, in dem Jesus wohnt, in das er immer wieder einzieht mit seiner Ruhe, Klarheit und Weisheit und mit seiner Kraft. Das macht zuversichtlich und gelassen.

Was bleibt? Was ist das Wesentliche, das Ältere an Jüngere weitergeben sollen?

Johannes Rau, 1999 bis 2004 deutscher Bundespräsident, hat auf dem Kirchentag 2005 in Hannover – ein Jahr vor seinem Tod – eine bewegende Bibelarbeit gehalten. Sie war vor allem von Jugendlichen besucht. Hier die letzten Sätze aus seinem Vortrag:

*Wenn Menschen meiner Generation mich fragen, was sie denn weitergeben sollen, dann sage ich ihnen dies:*

*Sagt euren Kindern, dass euer Leben verdankt ist dem Lebenswillen Gottes.*
*Sagt ihnen, dass euer Mut geliehen war von der Zuversicht Gottes.*
*Sagt ihnen, dass eure Verzweiflung geborgen war in der Gegenwart des Schöpfers.*
*Sagt ihnen, dass wir auf den Schultern unserer Mütter und Väter stehen.*
*Sagt ihnen, dass ohne Kenntnis unserer Geschichte und unserer Tradition eine menschliche Zukunft nicht gebaut werden kann.*

*Sagt ihnen, dass wir ohne innere Heimat keine Reisen un-*
*ternehmen können.*

*Denn wer nirgendwo zu Hause ist, der kann auch keine*
*Nachbarn haben. Und sagt ihnen zu guter Letzt, dass die*
*stete Bereitschaft zum Aufbruch die einzige Form ist, die*
*unsere Existenz zwischen dem Leben hier und dem Leben*
*dort wirklich ernst nimmt.*

So will ich jeden Tag erwartungsvoll leben und lieben und
nutzen, den mir der Vater im Himmel zudenkt. Und sagen,
was mir zu sagen bleibt. Und bei jedem Abschied diesen wunderbar entlastenden Satz von Hermann von Bezzel denken
und zuweilen auch aussprechen:

*Was an uns gefunden wird: Die Gnade hat es getan.*
*Was an uns vermisst wird: Die Gnade wird es erstatten.*

## Du sollst leben

Du sollst leben,
denn Gott segnet dich.
Er verlässt dich nicht,
bleibt ein Leben lang in deinem Haus zu Haus.
Du sollst leben,
denn Gott segnet dich.
Deine Sehnsucht, deine Zweifel hält er aus.

Du sollst leben,
denn Gott segnet dich.
Er vergisst dich nicht,
weil dich nichts aus seinem Herzen reißen kann.
Du sollst leben,
denn Gott segnet dich.
Und er nimmt auch deine dunklen Stunden an.

Und er glaubt und liebt in dir.
Und er träumt und hofft in dir.
Und er weint und lacht mit dir,
solang du lebst.
Er bleibt da, auch wenn du fällst.

Er bleibt da, wenn du dich quälst.
Er bleibt da, wenn du dich
an dir selbst verhebst.

Du darfst leben,
denn Gott segnet dich.
Und die Welt durch dich.
Und der Glaube und die Liebe werden neu.
Du darfst leben,
denn Gott segnet dich.
Er macht behutsam Menschen von sich selber frei.

Du darfst leben,
denn Gott segnet dich.
Er begleitet dich.
Und lädt sich, was dir zu schwer ist, selber auf.
Du darfst leben,
denn Gott segnet dich.
Geht es scheinbar auch bergab, es geht bergauf!

Text und Musik: Jürgen Werth · © Jürgen Werth

# Quellen

1   aus: Erich Kästner: „Doktor Erich Kästners lyrische Hausapotheke",
    Atrium-Verlag, Zürich 2009

2   Thea Dorn, Richard Wagner: Die deutsche Seele, Albrecht Knaus Verlag
    2015

3   aus: Rudolf Alexander Schröder: Noch hinter Berges Rande,
    Suhrkamp-Verlag Frankfurt am Main 1938

4   aus: Johannes Hansen: Nach dem Dunkel kommt ein neuer Morgen.
    Psalm-Meditationen, Kawohl-Verlag 1978

5   Siegfried Lenz: Der Geist der Mirabelle, Hoffmann und Campe 1975

6   aus: „Die Lage am Donnerstag", 24. November 2016, online auf: www.spiegel.
    de/politik/ausland/news-edward-snowden-thema-im-nsa-ausschuss-rente-
    ist-cool-fc-bayern-gewinner-des-tages-a-1122834.html (zuletzt abgerufen
    am 14. März 2017)

7   Zitate aus: Aliza Olmert: „Ein Stück vom Meer", Aufbau Taschenbuch,
    Berlin 2007

8   Quelle: Freundesbrief der Bruderhof-Gemeinschaften

9   Zitat aus: Jacob Grimm/Heinz Rölleke (Hg.): Brüder Grimm, Kinder- und
    Hausmärchen, Augsburg, Reclam 2009

10  Zitat von Bertolt Brecht, aus der „Dreigroschenoper"

11  zitiert aus: www.klaus-seehafer.de/dichter_denker/hausmann.htm
    (zuletzt abgerufen am 7. März 2017)

12  Luther, aus der Vorrede zu Band 1 der lateinischen Schriften

13  zitiert nach www.reformatorischeschriften.de

14  Luther: Grund und Ursach aller Artikel D. Martin Luthers so durch
    römische Bulle unrechtlich verdammt sind. Luthers Werke in Auswahl
    (BoA) 2, S. 75

15  Jürgen Werth: Pssst. Komm in die Stille. Gerth Medien, Asslar 2010

16  Jürgen Werth: Mehr Anfang war selten. Tagebuch eines Abschieds,
    SCM-Verlag, Holzgerlingen 2015

17  aus: Matthias Claudius: „Sämtliche Werke", Wissenschaftliche
    Buchgesellschaft, Darmstadt 1996

Die Bilder des Buches

**Eberhard Münch**

Umschlagabbildung: ohne Titel, Mischtechnik, 2017, 56,5 × 77 cm

Seite 3:     ohne Titel, Mischtechnik, 2017, 56,5 × 77 cm (Ausschnitt)

Seite 6:     ohne Titel, Mischtechnik, 2014, 230 × 100 cm (Ausschnitt)

Seite 11:    ohne Titel, Aquarell, 2009, 56,5 × 77 cm

Seite 25:    ohne Titel, Bleistiftskizze, 2015, 29,7 × 21 cm

Seite 35:    ohne Titel, Mischtechnik, 2012, 56,5 × 77 cm

Seite 46:    ohne Titel, Mischtechnik, 2009, 56,5 × 38 cm

Seite 49:    ohne Titel, Mischtechnik, 2009, 56,5 × 38 cm (Ausschnitt)

Seite 59:    Jahreslosung 2012, Mischtechnik, 2010, 56,5 × 77 cm

Seite 69:    ohne Titel, Mischtechnik, 2017, 56,5 × 77 cm

Seite 81:    ohne Titel, Mischtechnik, 2016, 55 × 77 cm

Seite 95:    ohne Titel, Bleistiftskizze, 2016, 29,7 × 21 cm

Seite 107:   ohne Titel, Bleistiftskizze, 2015, 29,7 × 21 cm

Seite 119:   ohne Titel, Mischtechnik, 2009, 38 × 56,5 cm

Seite 131:   ohne Titel, Mischtechnik, 2009, 56,5 × 77 cm

Seite 143:   ohne Titel, Mischtechnik, 2017, 56,5 × 77 cm

## Nahaufnahmen eines Lebens

*„Man spürt Jürgen Werth ab, dass sein Glauben auch in aller Öffentlichkeit eine höchstpersönliche Angelegenheit ist, dass er zahme und wilde, tröstliche und aufwühlende Seiten hat."*
Florian Sitzmann, Pianist & Produzent

Auf seinem Album *Nahaufnahme* zeigt sich Jürgen Werth vielschichtig, sprachgewandt und durch und durch ehrlich. Seine Lieder schreiten den weiten Horizont des Lebens ab, sie erzählen anrührende Geschichten vom Zweifeln und Glauben, vom Trauern und Hoffen. Florian Sitzmann hat die Lieder kreativ und zugleich sensibel arrangiert. Neben bisher unveröffentlichten Liedern können sich Fans auf Neuaufnahmen von *Leben ohne Schatten*, *Nun bist du fort* und *Wie ein Fest nach langer Trauer* freuen.

Jürgen Werth • Nahaufnahme • Nr. 939578

Der Verlag weist ausdrücklich darauf hin, dass im Text enthaltene externe Links vom Verlag nur bis zum Zeitpunkt der Buchveröffentlichung eingesehen werden konnten. Auf spätere Veränderungen hat der Verlag keinerlei Einfluss. Eine Haftung des Verlags ist daher ausgeschlossen.

© 2017 Gerth Medien GmbH, Dillerberg 1, 35614 Asslar
Für die Bibelzitate wurde folgende Übersetzung verwendet:
Lutherbibel, revidiert 2017, © 2016 Deutsche Bibelgesellschaft, Stuttgart.

1. Auflage 2017
Bestell-Nr. 817249
ISBN 978-3-95734-249-2

Umschlaggestaltung: Björn Steffens
Umschlagmotiv und Bilder im Innenteil: Eberhard Münch
Buchkonzept: Stefan Wiesner
Lektorat: Verena Keil
Satz: Immanuel Grapentin
Druck und Verarbeitung: CPI books GmbH, Leck
Printed in Germany

www.gerth.de